AF209697

Das Buch

Auch wer nicht unbedingt auf LYRIK steht, wird in dieser Sammlung sicher das eine oder andere Gedicht finden, das ihm persönlich zusagt, ihn vielleicht erheitert oder auch nachdenklich stimmt.

Der Rahmen dieser Balladen, Parodien, Liebes- und Zeitgedichte, der geografischen Verse, aber auch einer verspielteren Art von Lyrik bis hin zu den Phantasmen einer Science Fiction Poesie ist weit gespannt.

Die Vielseitigkeit der Themen und Motive bedingt dabei auch eine Vielfalt dichterischer Formen, die vom Hexameter und Sonett, vom konventionell gereimten Gedicht bis zum modernen Zeilengedicht mit seiner freien Rhythmik reicht.

Die vorliegende Sammlung kann demnach fast als eine Art COMPENDIUM lyrischer Formen und Möglichkeiten angesehen werden. Vielseitigkeit ist eben auch in der Dichtung die Würze der Kunst und vermeidet Langeweile!

In diesem Gedichteband wurden 40 Jahre lyrischer Produktion zusammengetragen, sodass ein variantenreiches „Potpourri" entstand.

Der Autor

wurde 1937 als 2. Sohn eines Forstmeisters in Siebenbürgen geboren, verbrachte aber einen Teil seiner Kindheit im Warthegau (Polen), von wo die Familie Januar 1945 vor den Sowjets fliehen musste und dabei in polnische Gefangenschaft geriet.

Nach dem Studium der Neuphilologie und Kunstgeschichte an den Universitäten München, Innsbruck, Freiburg, Würzburg u. Glasgow arbeitete er als Sprachlehrer an Goethe-Instituten in Saloniki (Griechenland) und Rio de Janeiro (Brasilien).

Danach unterrichtete er bis 1999 im bayerischen Schuldienst. Neben künstlerischen Aktivitäten und zahlreichen Ausstellungen im In-und Ausland veröffentlichte er Lyrik und Prosa, u.a. *Wo bleibt Hitler, Mathilda?*(Dokuroman 2000) ,*Geschichten zwischen Tag und Traum* (2001) , *Der Lilienprinz* oder *Die Geheimnisse von Knossos* (historischer Fantasy-Roman 2002).

Alexander L. Czoppelt

Als Ikarus fiel

Balladen Parodien
Liebeslyrik Zeitgedichte
SF Poesie u.a.

Mit der längsten deutschen Ballade

Umschlaggestaltung, 33 Zeichnungen und Grafiken
Alexander L. Czoppelt – Höchstadt
13 Abbildungen fremder Provenienz

Herstellung: Books on Demand GmbH
Printed in Germany ISBN 3-8311-4750-7

Dichter:　*»Was glänzt, ist für den Augenblick geboren,*
Das Echte bleibt der Nachwelt unverloren.«
Direktor:　*»Die Masse könnt ihr nur durch Masse zwingen.*
Ein jeder sucht sich endlich selbst was aus.
Wer vieles bringt, wird manchem etwas bringen,
Und jeder geht zufrieden aus dem Haus.

Goethe　FAUST I, Vorspiel auf dem Theater

Inhalt

BALLADEN

Auf Leben und Tod

Balladen sind Handlungs- bzw. Erzählgedichte, denn sie erzählen eine „Story", also etwas, das man sich bildhaft vorstellen und miterlebend nachvollziehen kann.

Im Gegensatz zu den klassischen und romantischen deutschen Balladen ist allerdings der modernen Ballade der „Held" im heroischen Sinne abhanden gekommen. Wer wollte heutzutage noch eine Ballade über Könige und Recken schreiben, ein Personal, das unserer Zeit wenig oder gar nichts mehr zu sagen hat? Dafür ist schon seit dem 19. Jh. der einfache Mann, der oder die Leidtragende, in den Blickpunkt von Balladen getreten.

Die vorliegende Balladensammlung ist in drei Arten von Balladen unterteilt, um die Verschiedenheit ihrer Inhalte und Formen klar voneinander abzugrenzen. Zudem entstanden diese Balladen zu ganz unterschiedlichen Zeitperioden, manche bereits in den Sechziger Jahren, andere erst Ende der Neunziger.

Die MYTHISCHEN Balladen (I) eröffnen den Reigen.

Sie nehmen Bezug auf mythologische Stoffe wie *Ikarus* oder *Die Königin von Saba*, auf Geschichtliches wie Balladen zur *Deutschen Teilung*, aber auch auf Zeitkritisches *Ballade von den sieben Glaubensartikeln*.

Die MAKABREN Balladen (II) greifen das Genre der „Schauerballaden" auf, deren Schauplätze jedoch auf moderne Verhältnisse übertragen werden.

Ihre Themen sind ausgefallen: *Kinderhändchen*, abseitig: *Zwitter Rosa*, antibürgerlich: *Tunten*, sozialkritisch : *Das Hochhaus*, oder einfach zum Gruseln: *Der Weiße Hai*.

Einige dieser Balladen beziehen sich auf wahre Begebenheiten. Das gilt auch für die – schon von der Länge her aus dem Rahmen des Gewohnten fallende – Ballade *Benjamin*, die sich schon zu einer Art Verserzählung weitet, aber vom Handlungsgeschehen her typisch balladenhaft bleibt. Mit ihren 95 (!) Strophen dürfte sie die längste deutsche Ballade sein.

Die formalen Muster dieser Balladen orientieren sich an klassischen Strophen- und Versformen, was auch für die Reimarten gilt, durch welche die längeren Strophenfolgen an Lesbarkeit gewinnen. Dabei werden - infolge des Reimverbiegens - auch Momente des Komischen erzielt.

Der sprachliche Ausdruck lässt an Bildhaftigkeit und Drastik oft wenig zu wünschen übrig und gerät mitunter an die Grenzen des geschmacklich kaum noch Vertretbaren (*Der weiße Hai*).

Die DING- und TIER-Balladen (III) schließlich stellen eine eher harmlose Variante der Gattung dar, zeichnen sich aber durch typisch balladeske Elemente aus (*Die Kerze*) sowie durch einen Hang zum Komischen (*Der Jäger und der Bock*).

Im Ganzen sollen sie mehr einer schmunzelnden Unterhaltung dienen.

I
Ikarus

Als Ikarus fiel
Pflügte gelassen ein Bauer und
spuckte in hohem Bogen seinen
Pfriem von sich es ist noch kein
Meister vom Himmel gefallen das
Korn wächst wie man's sät
und eine Frau stand am Balkon

als Ikarus fiel
Und trällerte laut vor sich hin
und sah aus den Augenwinkeln ein
weißes Bein verschwinden im
Meer ein Delphin dachte sie und
knüpfte die Wäsche des Mannes
und eine Kuh ließ sich bespringen

als Ikarus fiel
Im Hofe wälzten sich Schweine ein
Büffel grunzte im Schlamm und
Hähne kämpften um Hennen ein
Tourist machte rasch einen Schnappschuss
die bunten Federn das blaue Meer
und auf ihm ein stolzer Segler
als Ikarus fiel

Der fuhr mit lärmenden Menschen
schnittig über den Sturzpunkt und
Gesichter hinter dunklen Brillen
zwischen den Zähnen Eiskrem
blickten nicht auf zur Sonne und
niemand hörte den Schrei
als Ikarus fiel

Verschollene Welt

Palmwedel fächeln an Balkonen
ein Faun verkrochen unter Venusleib
dort – Torso lechzt nach Armen die
Kerne aus Melonen
verspuckt Apoll zum Zeitvertreib.

Vergittert fällt Schweigen
ein Traum verschollner Götterwelt
Harpyenschlag*
scheucht Moder auf
bröckelnder Nikenreigen*
auf Alexanders Sarkophag.

Fahrzeugsmog zehrt an
Siegesfassaden
Säulenfall
entleibt Najaden*
der Koren* geborstener Mund
schweigt.

Gestrüpp steigt die Tempel hinauf
die Parze* döst im Hintergrund.

•griech. Mythos: menschenraubende, weibliche Dämonen mit Flügeln
und Vogelkrallen
Nike: griech. Siegesgöttin
Najaden: Nymphen von Quellen und Gewässern
Koren: Gebälk tragende Frauenstatuen auf der Akropolis in Athen
Parze: römische Schicksalsgöttin, die den Lebensfaden spinnt.

Theseus und der Minotauros

In dem Palaste von Knossós
sein Mittagsschläfchen hielt Minós.
Auch seine Gattin ruhte gern,
doch ruhte sie vom Gatten fern,
denn dieser schnarchte ganz unsäglich,
für Frauenohren unerträglich.

Drum wohnte sie in fernen Gemächern,
wo ihr die Damen mit großen Fächern
fächelten ständig Kühlung und Luft,
sonst wäre es wie in einer Gruft,
und stärkte die Furcht vor dem Monstertier,
das jeder kannte als tückischen Stier,

der tief im Labyrinthe hauste,
vor dem die Königin sich grauste,
denn er bestand, der wilde Tropf,
aus Menschenkörper mit Bullenkopf,
auf welchem drohend in vielen Jahren
gewaltige Hörner gewachsen waren.

Da durfte niemand ihn mehr sehn -
nur sieben Jünglinge aus Athen,
die ihm als Opfer dienen sollten,
denn Rachegedanken in Minos grollten,
weil die Athener den ältesten Sohn,
der folgen ihm sollte auf dem Thron

bei einem Wettkampf meuchelten
und hinterher Unschuld heuchelten.
Drum mussten sieben Jahre lang
Athener Edle, jung und rank,
dem Minotauros Blutzoll liefern:
er zermalmte die Armen mit den Kiefern!

Man wehrte sich mit Recht und Fug
und sandte den Athener Recken,
den Theseus, welcher niederstrecken
das Monster sollte und besiegen,
sonst käm' es zu Vergeltungskriegen.

Doch Minos ließ nicht mit sich reden,
bestand ganz stur auf seinen Fehden
und forderte weiter Leben und Blut -
das versetzte den Theseus in kalte Wut,
und er machte sich ran an die älteste Tochter,
Ariadne, die Sanfte und Schöne, die mocht er.

Und sieh! Die Prinzessin verfiel seinem Charme,
und warf sich dem Helden betört in den Arm.
Der nutzte die Gunst einer blauen Stunde,
in der sie verriet ihm die wichtige Kunde,
dass Dädalos, der Meister, allein es wusste,
wie man zum Monster gelangen musste,
und dass man nicht irrte im Labyrinth
verloren und hilflos wie ein Kind.

Sie reichte Theseus ein Knäuelband,
das dieser behielt in der einen Hand.
Er wickelte auf die Schnur beim Gehn
und kam so schließlich im Zentrum zu stehn,
wo das Monster fürchterlich schnaubend lag.
Da holte Theseus keck aus zum Schlag

und trennte das Haupt ihm ab mit dem Schwert
- der grausige Anblick war sehenswert –
und mit dem blutigen Haupt in der Hand
der Held wieder sicher nach draußen fand,
erwartet besorgt von seiner Schönen,
die ihn entzückt begann zu verwöhnen
mit Worten der Liebe und Schmeichelein,

mit Worten der Liebe und Schmeichelein,
während der Held mit dem rechten Bein
auf der Trophäe lässig stand,
zum Triumph erhoben die Siegerhand.

Das Hofgesinde stand um ihn her,
bestaunte den Helden, das Monster noch mehr,
das leider nur stückhaft sich präsentierte,
was den Schlächter jedoch nicht weiter genierte.

Doch Minos fing fürchterlich an zu toben
und kehrte seine Bettstatt von unten nach oben.
Empfindlich war sein Schlaf gestört
durch diese Untat, unerhört
in seinem großen Friedensreich,
dem kaum ein anderes kam gleich.

Und was noch schlimmer war für ihn:
die Tochter gab sich dem Feinde hin
und ließ sich entführen auf dessen Schiff,
bevor der König dies Handeln begriff.

Zornrot kam er daher gekeucht –
auch Dädalos war ihm entfleucht
samt seinem Sohne Ikaros.
Sie flogen wie der Albatros
hoch über der Meereswellen Gischt,
hinaus in die Freiheit, zur Sonne, ans Licht.

Der König schwor Rache mit verzerrtem Gesichte –
doch das ist eine ganz andre Geschichte.

Salomo und die Königin von Saba

(eine biblische Ballade)

Der weise König Salomon,
der David folgte auf dem Thron
war nicht so weis – ihn machten heiß
zahllose Frauen, wie man weiß.

Dennoch regierte er zum Heil,
nahm für sein Urteil nie das Beil,
verließ sich mehr auf seinen Grips
und hatte selten einen Schwips.

Doch eines Tages kam die Kunde,
die rasch im Reiche macht die Runde,
von einer Arabischen Königin,
bei der die Männer schmolzen hin.

Sie war sehr reich – es war ihr gleich,
wenn Herrscher wurden butterweich
bei ihrem zaubervollen Bild
und sanken hin wie wundes Wild.

Aus Saba stammte die Wunderschöne,
aus ihrem Munde kämen Töne
wie Vogelsang und Harfenklang -
den Frauen würd's im Busen bang,

den Männern schwöllen die Gefühle,
sah'n sie sie sitzen im Gestühle
aus Marmor und aus Elfenbein,
zu ihren Füßen goldne Reih'n

von Bechern, Krügen, Schalen, Flaschen,
Geschenken, die die Gunst erhaschen
der schönen hohen Dame sollten –
doch meistens nur die Tränen rollten,

da diese stolze Herrscherin
sich niemandem gab huldvoll hin.
Nur Salomo, der tät sie reizen,
mit Reizen würde sie nicht geizen,

den großen König zu bezirzen
und ihn in Liebespein zu stürzen,
und während sie den König kraulte,
dass er voll Wonne nur so jaulte,

würd' sie mit ihrem heißen Lieben
dem Mann ein Kindlein unterschieben,
das später seine Weisheit erbte
und dessen Ruhm in Stein man kerbte.

Doch Königslieb' hat ihren Preis:
drum luden Sklaven unter Schweiß
Geschmeide, Perlen, Goldgefäße,
enormen Schatz auf das Gesäße

von Dromedaren und Kamelen,
auch ein Gefolge durft' nicht fehlen
im Zug der reichen Königin,
und Musiker mit viel Gekling.

Sie alle zogen durch die Wüste,
bis Salomos Palast sie grüßte
aus blauer, noch verklärter Ferne
und drüber leuchtend Israels Sterne.

Und unter einem Baldachin
in Seide die Sabäerin
zog hin auf weißem Elefant –
So nähert man sich elegant

dem Königshofe Salomos.
Da herrscht schon rühriges Getos,
denn alle wollen die Schöne sehen,
die aus des Morgenlandes Höhen

so prunkvoll kam daher gerauscht,
dass ein Gerücht sich aufgebauscht:
die hohe Herrin wollt' nur reisen,
um Salomo Ehre zu erweisen,

ihm ihre Schätze darzubieten,
denn seine Krämer waren Nieten
und schlimm stand's um die Hoffinanzen
bei all den hohlen dummen Schranzen.

Auch feierte er zu viele Feste,
auf dem von allem nur das Beste
auf Tische und ins Bette kam
und jede Frau, die er sich nahm,

konnt' auf Geschenke von ihm hoffen,
sofern der Herr war'n nicht besoffen!
Deshalb zog man auf allen Wegen
der reichen Gönnerin entgegen,

begrüßte sie mit Jubelrufen
und mit dem Trappeln von den Hufen
der Hengste aus dem Hofgestüte,
die zählten zu des Reiches Blüte.

Die hohe Frau erfreut der Lärm,
auch wenn sie plaget ihr Gedärm –
seit Tagen hat sie kaum gegessen,
hat ihre Taille nur gemessen,

damit ins enge Kleid sie passte,
wogegen früher sie gern prasste.
Nun hungert sie sich ab die Pfunde,
damit sie rank wirkt und nicht runde.

Sie weiß von König Salomo:
der liebt bei Frauen den Popo,
auch Brüste dürfen rundlich sein,
doch fette Hüften? – niemals, nein!

So hat zum Schluss sie es geschafft
und in die Robe sich gerafft,
die goldne mit der langen Schleppe,
mit der sie würdevoll die Treppe

hinauf zum großen Thronsaal schreitet –
ein „Aah" bewundernd sie begleitet.
Das ganze Volk steht vor dem Tore,
Trompeten schmettern von Empore,

auf der des Königs Hofstaat drängt,
mit Blicken an der Zauberin hängt,
die voller Anmut höher schwebt,
bis Königslächeln sie umwebt.

„Sei mir willkommen, schönes Weib,
 sollst sein mir süßer Zeitvertreib!"
denkt sich der König Salomo,
doch sagt er's nicht – iwo! Nicht so!

Statt dessen sagt er laut und weise:
»Willkommen hier nach langer Reise,
Salaam aleikum, Königin,
o lasst mich sein Euer Paladin,

der gerne Eure Wünsch' erfüllt
und Euch in allen Luxus hüllt,
den Eure Majestät verdienen. –
Auf auf, ihr meine Arbeitsbienen!

Bringt Wein herbei, frische Getränke!«
„es können warten die Geschenke" –
denkt er bei sich der Schürzenjäger.
Das Personal wird immer reger:

es schleppt herbei alle Genüsse,
salbt der Monarchin ihre Füße,
besprenkelt sie mit Rosenduft,
der lange hält und nicht verpufft.

Im Harem wird sie aufgefrischt
und Märchen werden aufgetischt
vom weisen, stets gerechten König –
was sie beeindruckt gar nicht wenig.

Falls er löst ihre Rätselfragen,
verspricht sie Gold ihm, viele Wagen
voll Sandelholz und Spezerein
und edle Rosse obendrein.

Nur Frauen braucht sie nicht zu schenken –
die hat er schon, man kann sich's denken!
Vor allem fremde, dunkle Weiber
hier räkeln ihre schwülen Leiber.

Ägyptische, Hethitische,
Sidonisch-Moabitische –
es waren 1000 an der Zahl!
Oft hatte er die Qual der Wahl!

Doch diese Reicharaberin
verdreht dem König rasch den Sinn:
er gibt ihr, was sie nur begehrt,
und sie auch das Gerücht nicht schert:

sie sei ja nur die Tausend-einste!
Das ist nur Missgunst, ganz gemeinste!
Fakt ist: die Herrscherin von Saba
hielt mit dem König nicht nur blabla.

Sie kam schon bald gezielt zur Sache
mit Salomo im Schlafgemache.
Da gab er hin sich seinem Triebe
und sang das Hohe Lied der Liebe.

Doch hat auch sonst die Liebesnacht
dem König Etliches gebracht:
Die Königin lässt sich nicht lumpen,
schenkt ihrem Liebsten Gold in Klumpen,

im Ganzen hundertzwanzig Zentner!
Die mag verprassen er als Rentner!
Die Saba'sche jedoch ist froh -
sie preist den König Salomo.

Mit königlichem Keim im Bauche
zieht ab sie unter Weiherauche
und denkt ans Kind vom Salomo –
das ist doch was! Selá – oho!

OPHELIA *

Unter einer Brücke der Seine
fand man sie
und aus ihrem Mund der lächelte
sprang das rußige Wasser
glitt silbrig durch ihr Haar
und zerrann mit fernem Ton
als man sie auf das
steinerne Ufer legte.

Die Wolken am Himmel stürzten
lautlos der Ferne zu
und eine Frau schrie auf im
Vorbeigehen und
zertrat eine Kamelienhaupt
das zwischen Resten von
Schlagzeilen lag

Jeune fille correctement vetue.

Ein Fotograf machte rasch
einen Schnappschuss
das Haupt der Toten
und im rechten Winkel
die Blume in
einem Magazin für die Frau
erschien dann das Bild

Ophelie qui tombe.

Schweig – sage kein Wort
wenn auch Gewölk in die
Straßen stürzt und die
Tauben ermattet aufs
Pflaster sinken die

Flamme ihres Haares
wird dich doch versengen
und ihr hartgoldener Mund.

*Geliebte des Dänischen Prinzen Hamlet, die aus enttäuschter Liebe
und von Hamlet verstoßen, ins Wasser geht.

In diesem Land
(zur Deutschen Teilung)

Das Glück ist nicht meldbar in diesem Land,
es hockt vermummt auf den Stufen,
den Morgen krümmt eine eherne Hand,
und vergeblich die Schwalben rufen.

Metallisch klirren die Schritte im Mohn,
was blühen soll welkt an Fassaden,
der Friede verblutet an dröhnender Fron,
im Trommelschritt der Mänaden*.

Die Zeit ist entleert, geknechtet die Stunden,
entseelt auf das Pflaster gespien,
die Augen des Tages mit Rauch verbunden
und Schatten das Licht überziehn.

Wir wollen es suchen auf anderen Straßen,
in anderem Lande das Glück,
wo die Jahre nicht zu blühen vergaßen
und Vergangnes kein Blut ließ zurück.

* griech. Mythologie: Bacchantinnen („Rasende") im Gefolge des
Dionysos. Hier: Chiffre für FDJ-Jugendliche in der ehem. DDR

Ballade vom braven Mann

(zur deutschen Teilung)

(chevy- chase Strophe)

Und als ich kam auf diese Welt,
da schrieen sie hurrah!,
da wurde ich auf die Beine gestellt
und schrie nach der Mama.

Und als ich in die Schule kam,
da stand vor meiner Bank
ein Mann, der mich beim Kragen nahm
und mir ein Liedchen sang.

Und als ich in die Lehre ging,
da sprach man viel von Geld,
das ich nicht sah – mein Meister hing -
ein Wort hat ihn gefällt.

Und als ich an die Stätte trat,
wo ich nach Spatzen schoss,
lag überall die Aschensaat,
und ferne zog der Tross.

Und dann gab man mir ein Papier,
da wusste ich wer ich war,
und seitdem lebe ich nun hier,
und heimlich fällt mein Haar.

Und wenn ich auch nicht klagen kann –
man hat kein leichtes Spiel!
Und wenn ich's auch ertragen kann –
weiß nit, ob's mir gefiel.

Glasgow Underground
(Ballade im U-Bahn Rhythmus)

Zugwind o dear und Gelärme ge
halten die Hüte ge
halten die Röcke ver
halten die Blicke
queue here please queue here please
queue here den Umbrella ge
zückt und die Zeitung da
gähnt es da raucht es und
Süßes kaut einer
drunter.

BUCHANAN COWCADDENS ST. GEORGES CROSS

Esst Bromberrys bunte Bonbons!
Sind Sie Single? Dann
hilft für die Glatze nur
Guiness is good for you yeah!
O icebaby creambaby yeah o tempora
yeah o Times auf der Party floss
Sekt in Strömen aus Deutschland es
wurde sehr viel getrunken sehr nett ge
langweilt und manchmal lag einer
drunter.

BUCHANAN COWCADDENS ST. GEORGES CROSS

Der Schaffner clippt Schaffner clippt
blicklos die Hände hoch thank you das
ist dieser grässliche Nebel ja pipipi
pea-soup die find ich ganz köstlich der
Schaffner er lüpfet im Winkel den
Teapott und knabbert rasch Biscuits clipp

raus und rein raus und rein
donnern die Schächte und manchmal
liegt einer liest man
drunter.

BUCHANAN COWCADDENS ST. GEORGES CROSS

Teatime

Der Spiegel in der Tasse neigt sich
doch werde ich mir vorher noch
Laub Weinlaub ins Haar
flechten
der Blick der Mänaden
versengt mir schon meine Stirn.

Um fünf Uhr

Miss Polly singt noch schnell eine Oper
die Bordelle saugen sich voll
da rollt es von Händen
Gelächter
in Schächten blinken
gefleckte Felle von Tieren.

Um fünf Uhr nachmittags

Nimmt noch schnell jemand den
Nobelpreis entgegen
bevor es am Horizont aufzieht
leise
man hört die Nebel nicht steigen
und ist schon umschlossen.

Um fünf Uhr nachmittags teatime

Ballade von den Sieben
Glaubensartikeln

Wenn der Lärm die Städte vorbeijagt
das Sausen geschweifter Vitrinen
sie hocken darin eng und gesichtslos
und die Münder verdorrt vor Ödnis.
Ist es besser nicht zu sein?
Es ist besser Stahl zu sein.

Ich glaube an Gott die Maschine
allmächtigen Würger Himmels und der Erden

Von den Kränen triefen die Schatten
züngeln über gittrige Fenster
und die Hände verloren im Metall
monoton gedrechselter Schrauben.
Ist es besser nicht zu sein?
Es ist besser Holz zu sein.

Ich glaube an das Rad das rotierende
gezeugt aus dem Schoße der Roboter

Und ehrfürchtig stolz sie erschauern
wenn der Hall den Zenit aufreißt
und die donnernde Faust wirbelt ins All
die Leichenzüge der Vögel.
Ist es besser nicht zu sein?
Es ist besser Stein zu sein.

Ich glaube an das Atom das gebenedeite
und die allein seligmachende Bombe.

Sieh ihre nützlichen Märsche
die täglichen Schritte nach Zeit
unter den huschenden Zeigern
die ihre Tage zerhaun.
Ist es besser nicht zu sein?
Es ist besser Eis zu sein.

Ich glaube dass das Leben Arbeit ist
und wer träumt den bepissen die Hunde.

Sieh ihre gierigen Scharen
die sich stau'n vor dem Thron
und sein Glanz übertüncht sie mit Flitter
taucht sie in Armut und Gold.
Ist es besser nicht zu sein?
Es ist besser Schaum zu sein.

Ich glaube an die Münze die harte
die auch den Härtesten weich macht

Und sieh ihr Herde und Tische
von denen die Speisen quell'n
die konservierten Genüsse der Erde
an denen ihr Glaube sich säugt.
Ist es besser nicht zu sein?
Es ist besser Luft zu sein.

Ich glaube an die Auferstehung der Hühner
in den Bäuchen stilvoll Gemästeter

Bald liegen sie da wo der Rost blüht
bald ihr Mumien fahl in Museen
ein Mahnmal vergangner Geschlechter
deren Enkel dasselbe nachtun.
Ist es besser nicht zu sein?
Es ist besser dumm zu sein.

Ich glaube an die Gemeinschaft der Dummen
und den Galgenhumor der Menschheit

Denn ihrer ist das Erdreich
und das Erdreich wird sie besitzen

HALLELUJA !

II

Das Kinderhändchen

Paul ging im Wald so vor sich hin –
nach Pilzen zu suchen stand sein Sinn.
Da sah er zwischen den Stämmen ein
Kinderhändchen, pilzbleich und fein.

Es ragte aus dem Blättergrund –
das war fürwahr ein grauser Fund!
Vielleicht lag unter jener Eiche
ganz blutig eine Kinderleiche?

Paul blieb vor Schreck das Herz fast stehn,
doch lief er schnell, um nachzusehn,
ob unter dieser Kinderhand
sich auch der Rest des Opfers fand.

War nicht erst kürzlich in der Nähe
ein Kind verschwunden und voll Wehe
gesucht von Eltern, Polizei,
die auf der Suche nach Marei,

dem Mädchen aus dem Kindergarten,
mit Blaulicht nicht und Hunden sparten?
Vielleicht lag hier das arme Ding?
Im Pilzepaule macht' es „kling!"

Er fühlte sich als Detektiv –
das Schicksal deutlich nach ihm rief,
und trotz des Grauens, das er fühlte,
er mit der Hand das Laub durchwühlte.

Vielleicht war's Händchen abgehackt,
vom Ärmchen einfach abgezwackt?
Wie oft vergrub ein Kinderschänder
das Köpfchen hier und dort die Händer?

Und raffiniert ganz anderswo
die Beinchen und auch den Popo!
Den Paule packte wieder Grauen –
vielleicht wär's besser, nicht zu schauen,

was unter diesem Händchen lag –
und doch, mit einem Herzensschlag
heraus nun zog den Rest er –
das Händchen war aus Polyester!

Und steckte auf metallnem Griff!
Verdutzt entfuhr dem Paul ein Pfiff.
Ne' Spielzeughand war's ohne Zweifel –
ja Himmel, Arsch und hol's der Teifel!

So dumme Streiche auszuhecken
und einen Wanderer zu erschrecken!
Der Pilzepaule sich genierte,
dass er vor Angst sich vorher zierte.

Er hatte sich gefürchtet vergebens –
doch es war der Schreck seines Lebens!

Nächtliche Fahrt

Wer rast denn so spät durch Sturm und Dunkel?
Es ist Smart – Eddie mit seinem Kumpel!
Im Hintersitz zwei grelle Luschen,*
mit roten Nägeln, Wimperntuschen.

Smart-Eddie, das Steuer elegant in der Hand,
rast durch die Nacht ganz ohne Verstand –
im Diskosound die Boxen dröhnen,
die Girls von hinten lustvoll stöhnen.

»Du fährst ja nur hundertsechzig Sachen!
Nun lass es mal, Eddie, so richtig krachen!«
»Dein Porsche hält leicht zweihundert aus!«
schreit Eddies Kumpel und mit Gebraus

geht's in die Kurve, Steine fliegen,
die Luschen sich begeistert biegen.
»Wir lieben dich, Eddie, du machst uns geil!«
So rasen sie lustig Meil' um Meil'.

Der Sturmwind peitscht, der Regen braust,
der Motor dröhnt, der Porsche saust
durch Dörfer durch und durch Alleen –
gefährlich eng die Bäume stehn.

Doch Eddie nicht vom Gas will gehn,
die andern würden's nicht verstehn.
Auch angeregt durch Schnaps und Bier
fühlt' er sich wie ein Span'scher Stier!

Da nahn von vorn zwei grelle Lichter,
im Gegenwagen zwei Gesichter –
ihr Vorderlicht den Eddie blendet,
die Kurv' ist eng – die Fahrt beendet:

Metall kracht berstend auf Metall –
weit in die Nacht dringt schriller Hall,
nach rechts und links die Fetzen fliegen –
sechs Tote zwischen Trümmern liegen.

*Fränkischer Dialekt: leichtfertige, dümmliche Frauenzimmer

Die Zwei Tunten

Es waren einmal zwei Tunten,
der eine hieß Gerd, der andere Max,
der eine mit Pferd, der andere mit Fax –
so blieben auf dem Boden sie drunten.

Natürlich hatten beide Berufe:
der eine war Lehrer, der andere Friseur,
ein Wissensvermehrer, ein galanter Charmeur
auf gehobener Society-Stufe.

Tagsüber waren sie fleißig,
lehrten die Kleinen, stylten Frisur,
erteilten die Noten, verliehen Glamour,
und beide nur knapp über dreißig.

Doch abends da gingen sie aus
als mondäne Damen in fetzigem Fummel,
in einschlägigen Bars mit Männern und Rummel,
da fühlten sie sich zu Haus.

Eines Nachts im städtischen Park
verstellten Skinheads ihnen den Weg,
am Bacheslauf mit recht schmalem Steg
hielt man sie an - das war arg!

»Na, wohin denn, ihr schönen zwei Dohlen!?«
rief einer – ein anderer: »Ihr Tunten und Schwulen,
euch woll'n wir jetzt mal die Titten puhlen!«
Und alle begannen zu johlen.

Sie drängten sie an das Geländer
und schlitzten mit Messern ihre Blusen auf
und ritzten in die Haut ein Muster darauf,
dass das Blut floss auf die Gewänder.

Und warfen vom Steg sie hinunter
mit kreischenden »Huchs!« und jammernden »Hachs!«
hinein in die Fluten des eisigen Bachs,
wo beide trieben Kopf unter.

Sie trieben strampelnd stromab
und klammerten sich in der Not aneinander
wie das tragische Paar von Hero und Leander*,
bis sie fanden ein nasskaltes Grab.

Am herbstlichen Raine mit Eichen
fand man sie umschlungen in glitzernden Roben –
ein Fotograf machte cool einen Schnappschuss von oben –
der erschien dann in BILD mit den Leichen.

*Griechischer Mythos: Liebespaar der Antike, das durch die
Meerenge des *Hellespont* getrennt nicht zusammenkommen konnte.

Der Zwitter Rosa

Es war einmal ein Zwitter,
Herr Rosa von Maness,
der war zwar nicht ein Ritter,
doch war er ziemlich kess.

Den Männern macht' er Augen,
den Frauen lief er nach,
wollt' an den Brüsten saugen,
zog sie in sein Gemach.

Die Männer, die er küsste,
bemerkten nicht den Trug,
denn er trug kleine Brüste –
den meisten war's genug.

Nur manchmal im Gemenge
der Liebesrangelei,
da störte das Gehänge,
das baumelte dabei.

Den Frauen war das schnuppe,
die freute das pralle Ei.
Die Männer aber dachten:>Ei, Puppe!<
und was das unten sei.

Herr Rosa von Manesse
drum trug 'nen Keuschheitsgurt,
doch das und seine Blässe
spült' nicht den Zweifel furt,

dass er was Anderes wäre:
Mannfrau Fraumann in einem,
so was wie 'ne Chimäre*
mit Haaren auf den Beinen.

Und da viel Spießer leben,
so roch man bald den Braten –
Das durfte es nicht geben!
Daher schritt man zu Taten.

Herr Rosa unterm Messer
in des Chirurgen Hand
befand sich gar nicht besser
und fühlte, wie er schwand.

Man schnitt ihm weg die Brüste,
dass kein Mann auf ihn stand,
und unten die Gelüste,
die jede Frau dort fand,

auch wurden abgesäbelt –
als Neutrum blieb er zurück,
geschlechtslos und benebelt,
nur mehr ein armes Stück,

fast mumienhaft, doch am Leben
dank edler Medizin. -
So geht es einem eben,
lebt man als Anderer hin.

* Griech. Mythos: Tiermonster bestehend aus Löwe, Ziege
  und Schlange

Das Hochhaus

Herr Olaf ist ein Junggeselle,
der stets sich sagte: »Mensch, sei helle
und bleibe besser unvermählt,
die Ehe nur die Männer quält.«

Man sieht's doch täglich hier im Haus:
die Ehen da, die sind ein Graus!
Mit Mann und Weib und Kind und Hund,
da herrscht Radau zu jeder Stund!

Die Alte keift, der Olle motzt,
das Kind, das plärrt, der Hund, der kotzt,
und Pärchen quieken im Vereine
wie eine Herde brünst'ger Schweine!

Das geht dann dreißig Stockwerk' hoch:
in jedem Zwei-Dreizimmer-Loch
da hausen offenbar Verrückte,
Neurotische, Gehirnzerstückte,

die ungeachtet all der Andern
ganz nackt auf den Balkonen wandern
und noch zu Stereogedröhne
verrichten eitles Haargeföhne.

Und geht's am Tag schon ziemlich rund,
so wird's am Abend erst recht bunt:
das ganze Hochhaus wird zum Ort,
wo man sich trifft, säuft, hurt und schnorrt.

Geschminkte Damen-Herrn - au Backe! -
mit Krokotäschchen, Lederjacke!
Doch hinter mancher Vollblondine
verbirgt sich eine Ledertrine,

die sehnsuchtsvoll erwartet wird
von einem Lover, welcher girrt:
»Geliebter, ach, ich warte schon!«
Da läutet schrill das Telefon.

Herr Olaf glaubt, er sei gemeint –
vor Freude hätt' er fast geweint,
dass jemand Sehnsucht nach ihm hegt –
doch jener hat schon aufgelegt.

Man hört nur langgezognen Ton,
und das ist alles, das war's schon.
»So eine Frechheit, unerhört!«
Herr Olaf wirkt nun leicht verstört.

Er eilt zum Sehschlitz an der Tür –
ihm war, als kämen Schritt' zu ihr.
Doch diese Schritte vorüber gehn
und machen Halt vor Wohnung zehn..

Dort steht in dünnem, blauem Kleid
ganz traurig eine blasse Maid ,
doch niemand öffnet ihr die Tür –
die Maid nagt an der Manikür.

Sie wendet sich zum Treppenhaus,
das hoch steigt in die Nacht hinaus.
`Die wird doch nicht..´, Herr Olaf schauert,
`sich etwas antun, weil sie trauert?´

So hat sich erst vor vier, fünf Tagen
ein Liebesdrama zugetragen:
ein Fräulein, das noch war recht jung,
entschied sich für den Todessprung,

weil ihr Geliebter sie verlassen.
Sie lag zerschmettert auf der Straßen
in einer lauen Sommernacht,
wo man gern singt und gerne lacht.

Und letzten Monat fand man auch
ein Selbstmordopfer hinterm Strauch,
gesprungen von dem Hochhausrücken,
nicht zu des Hauswartes Entzücken.

Allmählich wurd' es weithin kund:
dies Hochhaus ist ein Todesschlund:
mit seinen offnen Höhengängen
kann Willige es leicht bedrängen,

aus großer Höhe abzusegeln,
in freiem Fall zur Tiefe kegeln.
Todsicher ist dies Angebot,
und mancher nutzt's in seiner Not.

Gepackt von plötzlicher Unruh
Herr Olaf schlägt die Türe zu,
betritt den langen dunklen Gang –
von fern her Männer-Biergesang

und Weiberkreischen, Kinderlachen
und was die Leut' so alles machen.
Der Lift erscheint, er steigt rasch ein,
heut' ist er ausnahmsweis allein.

Graffiti-Zoten an den Flanken
verscheuchen ihm nicht die Gedanken,
die dunklen Fledermäusen gleich
bedrängen seinen Hirnbereich.

Dreißigster Stock! Der Lift bleibt stehn.
Er tritt auf die Terrassenhöhn –
tief unter ihm das Lichtermeer
der Häuser, Straßen – der Verkehr

dringt nur gedämpft hinauf die Wand.
Herr Olaf setzt sich auf den Rand
der Brüstung – unter ihm die Tiefe
voll Glitzern, so als ob sie riefe.

Hat niemand denn gehört den Schrei?
Lärm und Musik fluten vorbei.
Die Welt hat Wichtigers zu tun.
Das Leben ruft, die Toten ruhn.

Teorema *
oder
Liebestragödie auf dem Lande

Ein Schwan, ein Schwan zieht seine Bahn –
es ist schon reichlich spät,
der kühle Wind des Abends weht,
ein Körper treibt heran.

Er treibt dahin im dunklen Teich ,
ein Ärmel bauscht im Wind -
was ist das für ein armes Kind,
das schwimmt im Teich als Leich?

Seit Tagen sucht der Bauer Sauer
nach seiner Magd Marie,
die fleißig war und fehlte nie
des langen Tages Dauer.

Doch als den Knecht er eingestellt,
auf den er sich verließ
und dessen Lächeln Glück verhieß,
schlug um des Mädchens Welt.

Sie blickt' dem Burschen träumend nach,
wenn er im Traktor fuhr,
es rief der tiefen Reifen Spur
in ihr die Sehnsucht wach.

Der Bodo war ein rechter Stier
mit feurig dunklen Augen,
er schien die Blicke anzusaugen,
der Leute dort und hier.

Mit starkem Arm führt´ er die Pferde,
in ihre Box hinein -
Marie reicht ihm den Frankenwein.
Mit lässiger Gebärde

nahm er den kühlen Trank entgegen
und lächelte sie an,
ihr Herz erregt zu klopfen begann,
und sie senkte den Kopf verlegen.

Doch auch die dralle Bauersfrau
sah diesen Knecht recht gern,
sie sah ihn nicht nur aus der Fern,
sie stellte sich zur Schau,

indem sie trat in seine Nähe
und turtelnd ihn umgurrte
und katzengleich den Kerl umschnurrte –
der Magd tat das sehr wehe.

Der Knecht nahm seinen Vorteil wahr.
Dem Bauern war's nur Recht,
sie brauchte einen starken Hecht,
denn öde lebt ein Bauernpaar,

das nur um Vieh und Feld sich kümmert.
Ganz neuen Schwung gewann
die Frau durch diesen jungen Mann –
die Magd im Herzen wimmert.

Sie konnt' von ihm den Blick nicht wenden,
wenn er den Hof betrat,
und wenn er sie um etwas bat,
dann tat sie's mit zittrigen Händen.

Des Bauern Tochter hat studiert,
hat's Studium verkracht,
sie gab sich hin ihm eine Nacht,
und wär' fast dran krepiert.

Der Bauer selbst, vom Trieb getrieben,
fing Bodo ab im Stalle,
der öffnete die Hosenfalle,
begann wie ein Stier zu schieben.

Im Hause lockte die Bäuerin:
„Ach Bodo, komm zu mir!
Gar schöne Spiele spiel' ich mit dir!" –
Schon war er bei ihr drin.

Des Bauern Sohn, ein Bürschlein fein,
mit ganzen 13 Jahren,
bewunderte dies Mannsgebahren
wollt' auch bei Bodo sein.

Als dieser nahm ein Bad im Teich,
sprang er auch mit hinein,
er wollte beim Geliebten sein,
ganz nackt, das war ihm gleich.

Der Knecht den Knaben nahm zur Brust,
sie rangelten und sich drückten,
und ihre Leiber nackt sich entzückten
in nie gekannter Lust.

Von fern hat dies Marie gesichtet
und seufzte laut vor Frust,
wie gern enthüllt hätt' dem Knecht sie die Brust
und auch auf Lust nicht verzichtet.

Doch sie war züchtig und sehr fromm,
katholisch obendrein,
und betete stets: „Maria mein..." –
kein Liebesfunke im Knechte glomm.

Drum hat sie die Augen sich ausgegreint,
und stieg ins dunkle Wasser
und wurde plötzlich sehr viel nasser,
doch sie fühlte im Teich sich vereint

mit Bodo, dem starken, ersehnten Geliebten.
Im Sonntagsdirndl, ganz rank,
seufzte sie laut „Ach, Bodo!" und sank –
sechs Schwänlein hinter ihr fiebten.

Und Vater Schwan zog seine Bahn –
es war schon reichlich späte,
der kühle Wind des Abends wehte
und der Mond stieg langsam hinan.

*Anspielung auf PASOLINIs Film „Teorema", in dem ein
junger Engländer auf Besuch der Reihe nach alle Mitglieder
einer noblen italienischen Familie verführt.

Der weiße Hai
oder
Das Ende einer Familie

Frau Fröhlich liegt am Meeresstrand
und röstet sich im heißen Sand.
Ihr Söhnchen Kurt planscht keck im Meer
und treibt im Gummiring einher.

Nicht fern von ihr hockt auch ihr Mann
und legt die Gummiflossen an.
Dann stürzt auch er sich in die Flut
und rauscht hinaus mit wildem Mut.

Frau Fröhlich liegt am Meeresstrand
und holt sich einen Sonnenbrand.

Sie sieht nicht, wie ein Frauenbein
treibt auf den Strand zu, ganz allein,
das heißt: ganz ohne einen Rumpf,
ganz ohne Büste, nur ein Stumpf
ragt von dem Steißbein noch hervor –
den Rest das Frauenbein verlor.

Frau Fröhlich wälzt sich auf den Rücken,
den Bauch mit Sonne zu beglücken.

Klein Kurtchen treibt auf hoher See,
da plötzlich fühlt er Schmerz am Zeh.
`'ne Qualle!`´ denkt er, »au, das brennt!«
Doch jählings fühlt er sich getrennt
von Oberteil und Unterleib –
das ist ein böser Zeitvertreib!

Ein Piepser wird von ihm gehört,
dann schwappt die Welle hin verstört.

Frau Fröhlich sitzt am Meeresstrand,
betrachtet ihren Sonnenbrand.

Doch plötzlich denkt sie: `Wo ist Kurt?
Er schwamm doch vorhin in der Furt!´
Doch auf dem Meer ist nichts zu sehn
als eben jenes Frauenbeen,
das langsam an die Küste schwappt
und träge mit den Zehen klappt.

Frau Fröhlichs Mann teilt forsch die See,
sein Slip erglänzt in Rot-Karree,
doch plötzlich ändert sich das Bild:
das Rot-Karree verzerrt sich wild,
und aus dem Muster schießt es rot
wie Ochsenblut, wenn Ochse tot.

Frau Fröhlich sieht den Strand entlang
und ihr wird plötzlich seltsam bang –

Kein Mensch zu sehn, nur in der Ferne
Touristenvolk in der Taverne.

Sie blickt aufs Meer – ihr wird beklommen –
ist da nicht eben was geschwommen,
ein dunkles Dreieck in dem Blau ?
»Ku-Kurtchen!« ruft nun schrill die Frau.

Doch dunkel raunet nur die Welle,
sie bringt den Sohn ihr nicht zur Stelle.

Vielleicht hat ihn ihr Mann gesichtet?
»Hans-Herrmann!« ruft sie aufgerichtet.

Doch auch vom Gatten nichts zu sehn –
nur Wogen ziehn, Schaumkronen wehn.

Frau Fröhlich geht den Strand hinab,
bleibt stehen, schaut, verfällt in Trab –
doch von den Beiden keine Spur!
Nur plötzlich: komische Kontur,
vom Wasser schäumend hingebrandet -
das Frauenbein ist da gelandet.

Frau Fröhlich, als sie dieses sah,
schwankt hin und ist der Ohnmacht nah.

Doch nur ein Bein ist kein Stilleben!
Und mag sich auch der Magen heben:
Zum Bein gesellt sich noch ein Händchen
mit blutig abgefetztem Rändchen
und ein behaarter Unterarm
mit männlich-muskulösem Charme.

Frau Fröhlich, als sie dieses sieht,
kippt um und ihr Bewusstsein flieht.

Doch vorher bricht aus ihr ein Schrei:
»Ein Hai! Ein Hai! Der Weiße Hai!«

Touristen finden sie am Strand,
entseelt und bleich trotz Sonnenbrand.

Benjamin
(Eine Schülertragödie)

1

»Unsere Söhne sind nicht dumm,
wir schicken sie aufs Gymnasium!«
Der Vater sprach's, die Mutter nickte,
im Elternhirne etwas klickte.

Man weiß ja: ohne Abitur
von Karriere keine Spur!
Kannst höhere Ämter nicht bekleiden,
um welche Leute dich beneiden.

So gehen denn alle Drei zur Penne,
auch wenn's mit Noten gibt Geflenne.
Der Älteste geht zur Bundeswehr,
der Zweite tut sich zunächst schwer,

doch dann hat er es auch geschafft
und nun die Aktien nur so rafft.
Zurück bleibt unser Benjamin –
er ist nicht dumm, doch auch nicht kühn.

Er ist ein recht sensibler Junge
und hat Probleme mit der Lunge,
drum ist am Sport er oft verhindert,
was so sein Ansehn etwas mindert.

In Deutsch, da ist er gar nicht schlecht,
mit Mathe klappt es nicht so recht,
und in Latein „horribile dictú!"*
da treibt er auf den Sechser zu.

* Latein: Schrecklich zu sagen.

Die Mutter ist schon ganz nervös,
der Vater schimpft, wird richtig bös:
»Darfst nicht mehr vor der Glotze hocken,
sonst helfe ich dir auf die Socken!«

»Nachhilfestunden wirst du nehmen!«
Dazu kann er sich nicht bequemen.
Viel lieber malt er vor sich hin,
denn nach der Kunst steht ihm der Sinn.

Er möchte Maler, Künstler werden,
das wär' für ihn das Glück auf Erden.
Doch sein Erzeuger lacht nur drüber,
er säh' ihn als Juristen lieber,

gern auch als Arzt in weißem Kittel,
als Chemiker für Lebensmittel,
mit prallem Konto als Bankier –
damit tut er dem Jungen weh,

der noch in der Entwicklung steht,
sich rumschlägt mit der Pubertät.
Die Noten wär`n das kleinere Übel –
viel schlimmer ist, dass er sensibel

betroffen ist von dem Benehmen
der Anderen, die wie Hyänen
gern über schwächere Schüler lachen
und grobe Scherze mit ihm machen.

Allein auf seiner Hinterbank
fühlt er sich manchmal richtig krank.
Die Jungen ignorieren ihn
und auch die Mädchen schaun nur hin,

wenn ihn ein Lehrer etwas fragt
und er nichts wissend ganz verzagt
und stotternd falsche Antwort gibt.
Die Mädchengruppe kichert, piept.

Einst trat ein Lehrer nah heran
und stand vor ihm als großer Mann:
»Hör', Benjamin, hör' auf zu träumen!
Du wirst den Lehrstoff ganz versäumen,

wenn du nicht endlich, wie sich's gehört
mehr aufpasst und nicht malst, was stört!«
Und dann nahm er das Blatt Papier,
auf dem mit farbigem Geschmier

der Junge einen Jungen malte.
Gelächter in der Klasse hallte.
Mit dem, da musste was nicht stimmen!
Zu zart, im Turnen sich zu trimmen!

Kann nicht mal einen Fußball schießen!
Und muss im Freien immer niesen!
Und wenn die andern Jungen duschen,
sieht man ihn keusch beiseite huschen.

Das war, weil er sich so genierte
und nicht, weil er sich schamhaft zierte.
Vielmehr verwirrte ihn der Blick
auf manches Kameraden Stück.

Da stand der schöne Fabian,
zog aller Blicke magisch an.
Er war schon größer als die Andern,
mit strammen Schenkeln, die vom Wandern,

vom Hanteltraining auf der Matte
er eitel antrainiert sich hatte.
Gern ließ er seinen Bizeps spielen,
die Jungen neidisch darauf schielen.

Der Blick aus seinen dunklen Augen
schien aller Blicke aufzusaugen.
Kein Wunder, dass so manches Mädchen
er führen konnte wie am Fädchen.

Bei seinem jungenhaften Charme
wurd' es auch manchem Jungen warm.
So zog's auch unsern Benjamin
mit dunklem Drange zu ihm hin.

In pubertärem Sehnsuchtsschrott
erkor er Fabian sich zum Gott,
den heimlich er für sich begehrte,
nach dem er sinnlich sich verzehrte.

Die Schule machte auch mehr Spaß,
wenn dieser Fabian vor ihm saß,
denn schon an dessen breitem Rücken
fühlt' Benjamin tiefes Entzücken.

Er selber war vom Körper schwächlich
und wirkte darum fast gebrechlich.
Dafür besaß er hübschen Kopf,
nur nützte wenig das dem Tropf.

Mit seinen himmelblauen Augen
konnt kaum er Blicke an sich saugen,
und oft schlug er die Augen nieder
und wirkte schüchtern, brav und bieder.

Doch stand sein Fabian in der Nähe,
blickt' er ihn an, damit ihn sähe
sein heißgeliebter Kamerad,
der nie ihn ansah, doch anstatt

den Mädels schöne Augen machte,
um den Verstand so manche brachte.
Dabei war er kein guter Schüler,
war vielmehr ein gerissner Spieler,

der nicht nur bannte Seinesgleichen –
auch Lehrer konnte er erweichen.
Sie sahn ihm manche Schwächen nach,
wo andre kriegten eins aufs Dach.

Denn wer besitzt ein Charisma,
dem sieht man oft nach sein Plapla.
Am Schluss steht er als clever da
und alle denken „olala!"

Ein solches äußres Glück hinieden
war unserm Benjamin nicht beschieden.
Selbst wenn er sich auch noch so plagt,
bleibt der Erfolg ihm stets versagt.

2

Der Vater kann das nicht mehr sehn:
„Dann soll aufs Internat er gehn!"
Er hat auch gar nicht lang gefackelt,
kommt mit dem Sohne angewackelt

in ein katholisches Konvikt.
Dort sind die Lehrer ziemlich strikt,
und faule Schüler man so drillt,
bis ihnen das Wissen aus den Ohren quillt.

Latein, das lehrt ein frommer Pater,
der gerne singt das Stabat Mater*.
Er wird auch unsern Benjamin
zu höhern Weihen führen hin,

das heißt: er wird ihn lehren,
nur Cäsar, Cicero zu begehren.
Doch unser armer Benjamin
hat nur den Fabian im Sinn.

Getrennt von diesem rabiat
verliert er völlig allen Draht
zu Fächern wie Latein und Mathe,
und fühlt sich mies wie eine Ratte,

die scheu im dunklen Winkel kauert
und auf ein bisschen Nahrung lauert.
Ja, Bildungsnahrung gab's genug,
doch Sehnsucht, Liebe, Herzensflug,

die blieben grausam auf der Strecke,
verdrängt in eine tote Ecke.
Dies aber sieht so nicht der Pater,
der gerne singt das Stabat Mater.

„Ums Söhnchen werd' ich selbst mich kümmern,
dass Leistungen sich nicht verschlimmern!"
Der Vater sagt nur: „Besten Dank!"
und fährt zurück zu seiner Bank.

Da steht nun Benjamin allein –
Pater Ambrosius führt ihn ein:
Hier sei der Schlafsaal für die Knaben,
dort können sie zum Waschen traben.

* Latein. Hymnus d. kath.Kirche: „Es stand die Schmerzensmutter"

Und da ist das Refektorium*
mit langen Tischen und Gebrumm
von großen Kesseln aus der Küche,
aus welcher schwallen die Gerüche.

Es riecht ganz ranzig und nach Fisch –
Die Glocke läutet grad zu Tisch.
In langen Reihen essen Jungen,
nachdem das Tischgebet verklungen.

Sie essen nicht, sie fressen mehr
und rasch sind alle Teller leer.
Nur Benjamin vor seinem Teller
wünscht sich am liebsten in den Keller.

Er konnte Fisch niemals vertragen –
ihm stülpt sich beinah um der Magen.
Da greift sein Nachbar herzhaft zu:
„Ich bin nicht zimperlich wie Du!"

Dies Schmähwort hört man in der Runde:
„ 'ne Zimperliese ist der Kunde,
der Neue mit den blassen Lippen,
den we'rn wir mal ins Becken kippen!"

Ein jeder Neuling wird `getauft´,
so ist es Sitte, bis er schnauft,
und ihm das Wasser aus den Ohren
läuft so, als wär er neugeboren.

Und eh sich's Benjamin versieht,
der stärkste Junge auf ihm kniet,
zwei schleifen ihn zum Wasserbecken,
und mit vereinten Kräften stecken

* Speisesaal in einem Kloster

sie seinen Kopf ins kalte Wasser,
bis stumm er ist und noch viel blasser.
Beinahe wäre er erstickt,
doch Pater Ambros hat's erblickt:

„Halt ein", ruft er, „ihr Belzebuben! *
Begebt euch sofort auf die Stuben!
Lasst mir den Benjamin in Frieden,
sonst sind wir Leute, die geschieden!"

Doch war's für Benjamin noch schlimmer,
dass schlafen musst in einem Zimmer
er mit so vielen, welche schnieften
und eklig aus den Betten mieften.

Die Nächte wurden ihm zur Qual,
und oft verließ er nachts den Saal
und wanderte bei Mondenschein
im Hofe des Konvikts allein.

Beim allerersten Morgengrauen -
kaum konnt er aus den Augen schauen –
ging's auf zum frommen Frühgebet.
Gebetet wurde auch abends spät.

So war im Unterricht er müde
und manche Lehrer wurden rüde,
wenn er so langsam reagierte,
und meinten, dass er sich nur zierte.

Nur unser guter, frommer Pater,
der gerne sang das Stabat Mater,
und den man „Ambros" rief, indessen
hat einen Narren an ihm gefressen.

* Be(e)lzebub: oberster der Teufel im NeuenTestament

Sein Benjamin der war viel feiner
und irgendwie war er auch reiner
als all die andern groben Knaben,
die Pickel, Akne, Schuppen haben.

Der fromme Ambros ist auch Mann
und schmeichelt ihm, so gut er kann:
„Du hast so schöne, lange Wimpern,
kannst wie ein Mädchen damit klimpern!"

Er streicht ihm zärtlich übers Haar,
nimmt nicht des Jungen Abscheu wahr.
Er streicht ihm über dessen Lenden
mit seinen weichen, weißen Händen.

Er streicht bis hin zum Hosenlatz
- dies ist ein ganz intimer Platz–
und hält hier endlich zögernd inne.
Dem Jungen wird heiß-kalt zu Sinne.

Es geht ja auch so manch Gemunkel,
dass mancher Ministrant im Dunkel
darf unter die Soutan'* ihm greifen,
wenn Ambros wieder hat ‚nen Steifen.

Doch auch die hohen Bildungswerte
der Pater Zöglingen bescherte:
so gab er Benjamin Förderstunden,
bracht' dessen Noten zum Gesunden,

nur dessen Psyche bekam einen Knacks.
Der Junge sich fühlte weich wie Wachs,
das man kann nach Belieben kneten.
Da half auch kein so frommes Beten,

*Soutane: knöchellanges, schwarzes Gewand kath.Geistlicher

denn unserm armen Benjamin
verwirrt sich immer mehr der Sinn.
Das Lernen scheint ihm öd und fade,
die Jungen kennen keine Gnade,

und keiner will ein Freund ihm sein.
So lebt er mönchisch ganz allein,
umschlossen von den hohen Mauern,
umhallt von frommer Lieder Schauern.

3

Zum Glück naht bald die Osterpause,
und Benjamin darf nun nach Hause.
Der Vater kommt, ihn abzuholen,
und Benjamin kommt ganz verstohlen,

tritt vor ihn hin mit flehendem Wort:
„Ach nimm mich bitte von hier fort!
Ich will zurück zur alten Klasse,
das Leben hier ich gründlich hasse."

Der Vater jedoch der bleibt stur:
„Du bleibst hier bis zum Abitur!
Dein Notenbild ist endlich gut,
du schaffst es leicht, mein Sohn, nur Mut!"

Und Ambros lobt ihn ebenfalls.
Dem Jungen steckt ein Kloß im Hals.
Der Pater streicht ihm übers Haar
- wohlwollend nimmt's der Vater wahr –

und flötet sanft: „Mein Benjamin,
mit Gottes Segen fahre hin!"
Der Vater dankt mit Lobesworten,
dann schließen sich des Konvikts Pforten.

Ins Auto steigen Sohn und Vater,
vom Pförtnerhäuschen winkt der Pater.
Dann fahren beide, Vater und Sohn,
und schweigen sich an, sprechen keinen Ton.

Die Mutter freut sich zwar, doch jammert:
„Migräne!" – hält den Kopf umklammert.
Dann lassen beide ihn allein,
doch diesmal findet er das fein.

Im Garten grünt und blüht es schon,
er holt sein Rad und fährt davon
und fühlt sich endlich wieder frei,
kauft sich ein Schokoladenei,

und isst es unter einem Baum,
um ihn herum ein Frühlingstraum. -
Da sieht er nah auf einer Bank
den Fabian, recht männlich, rank.

Auf seinem Schoß sitzt eine Trine,
´ne aufgetakelte Blondine,
kann nicht genug vom Küssen kriegen,
tut sich an Fabians Schenkel schmiegen.

Auch Benjamin fühlt sich erregt,
sein Herz auf einmal rasend schlägt.
Sie knutschen ohne Unterlass –
In Benjamin erwacht der Hass.

Er fühlt verschmähter Liebe Pein,
als stieße ein Dolch in ihn hinein.
Hätt' er zur Hand eine Pistole,
abknallen tät er diese Dohle,

die den geliebten Kameraden
umgarnt hält wie mit Spinnenfaden,
und ihre Arme wie zwei Flügel
legt um des Fabians Muskelhügel.

Hält Vater nicht die Bankpistole
zum Schutz bereit unter Konsole,
bei Bankraub so geschützt zu sein?
Jäh fällt ihm ein Gedanke ein:

Liegt nicht im Schreibtisch zweite Waffe,
damit nicht sieht sie jeder Laffe?
Gedacht, getan! Er rast nach Haus,
und heimlich leis wie eine Maus

durchstöbert er des Vaters Zimmer.
Von nebenan dringt Schmerzgewimmer
der armen Mutter, die nicht merkt,
dass ihr Sohn an des Vaters Waffe werkt.

Er braucht nicht erst sie zu studieren,
das Mordwerkzeug nicht ausprobieren.
Er weiß, dass jeweils zwei Patronen
im Laufe steckend niemand schonen.

Er rast zurück auf seinem Rad.
Noch immer sitzt am grünen Pfad
der Fabian mit seinem Girl,
dabei liebt **er** doch diesen Kerl!

Er fühlt den Stich der Eifersucht,
und den Geliebten nun verflucht.
Wenn der ihm nicht gehören kann,
dann soll er eben glauben dran!

Doch um der Freundschafts-Fairness willen
soll sie das Schicksal beide killen.
Was ist ihm schon das Leben wert,
wenn niemand ihn jemals begehrt?

Kalt liegt der Stahl in seiner Hand,
und sein Gesicht ist weiß wie Wand.
Er richtet auf den Freund den Lauf:
ein Schuss ertönt, das Paar schreckt auf.

Doch Benjamin hat nicht getroffen,
der zweite Schuss bleibt für ihn offen.
Voll Trotz, Verzweiflung, Liebesfrust
schießt er sich gradwegs in die Brust.

„Mein Gott, das ist der Benjamin!"
Der Fabian beugt sich über ihn
und sieht zum ersten Mal ihn an:
„Warum nur hast du das getan?"

Doch noch bevor die Augen brechen,
versucht der Sterbende zu sprechen.
Sein „.........liebe dich" ertrinkt im Munde,
dann stirbt er an der schweren Wunde.

Von allen Seiten strömen Leute,
neugierig gaffend steht die Meute.
Verstört entfernt sich Fabian,
die Blonde trippelt hinten dran.

4

Die Trauerpredigt hält der Pater,
singt inniglich das Stabat Mater.
Kein Auge bleibt im Kirchsaal trocken,
vor Tränen blind die Eltern hocken.

Dann steht man an des Grabes Rand.
Die Jungenbande blickt gebannt,
wie sich der Sarg zur Tiefe senkt.
Schämt jemand sich, der ihn gekränkt?

Vielleicht tut er nun manchem leid,
so stumm in seinem Totenkleid.
Auch Ehemalige treten an,
nur einer fehlt: der Fabian.

Der Pater spricht von Gottes Schluss
und andern salbungsvollen Stuss.
Er selber wirkt auch ganz betrübt,
hat er den Knaben doch geliebt.

Doch dieser – tragische Ironie –
verstand die geistliche Liebe nie.
Er liebte, wie`s geht, den Falschen im Leben,
der konnte, was er wollte, ihm nicht geben.

So schlug schon früh die letzte Stunde,
mit Fünfzehn ihm die Todesrunde. –
Für ihn „in wesenlosem Scheine"
lag nun die Welt und „das Gemeine".

---

* Anspielung auf Goethes Betrachtung vor Schillers Schädel: "Für ihn
in wesenlosem Scheine liegt, was uns alle fesselt: das Gemeine."

III

Das Bild

Bei einem Sammler namens Wild
erstand ich mir ein Landschaftsbild
gemalt in Rembrandtscher Manier –
dies hängte ich ins Zimmer mir.

Jedoch es kam der Tag heran
da wandelte die Lust es an
das eigne Bild mal anzusehn
und etwas drin spazieren zu gehn.

Drum stieg es aus dem Rahmen schnell
und ging hinein an einer Stell
wo Bäume standen auf der Wiese –
das Bild begab sich froh auf diese.

Und stieg dann in den Bachesgrund.
Wie heimelig war es da drunt'!
Und weiter zog es seine Bahn –
von ferne lockten Berge an

die in geheimnisvollem Dunkel
verbargen des Gesteins Gefunkel.
Und schneller lenkte es den Gang
bis es die dämmrige Ferne verschlang.

Es zierte nun die Wand nicht mehr.
Auch heut' noch steht der Rahmen leer.
Das Bild im Bilde war verschwunden
und niemand hat es je gefunden.

Der Spiegel

Ein Spiegel sah in einen Spiegel
und sah sich drinnen wieder spiegeln.
Er sprach zu seinem Spiegelbild:
Ich spiegle mich, du spiegelst dich
ich spiegle dich du spiegelst mich
wir spiegeln uns!
wer spiegelt wen?
wer spiegelt sich?

Wer wird denn hier gespiegelt?
Spiegle ich mich du dich
du mich ich dich
wir uns uns es?
Wer bin ich überhaupt?
Bin ich ich ich du ich wir
du ich du wir?

Bin ich draußen bist du drinnen?
Bist du draußen bin ich drinnen?
Wer ist drinnen oder draußen?
Niemand ist drinnen alle sind draußen!
Niemand ist draußen alle sind drinnen!

Denn ich Spiegel spiegle dich Spiegel
spiegelst mich Spiegel spiegeln wir Spiegel
spiegeln uns Spiegel spiegeln sich Spiegel
spiegeln Spiegel Spiegel
spiegeln Spiegels Spiegel--Spiegel
spiegeln spiegelnd gespiegelte Spiegel
Spiegel spiegelnd gespiegelt –
Da wurde der Spiegel an sich selber irre
und zersprang mit lautem Geklirre.
        (welcher Spiegel?)

DIE KERZE

Es war eine Kerze weiß und schlank
verliebt in eine Kugel,
auf der ihr Bild sie stehend fand
als wie auf einem Hugel.

Die Kugel, die hing über ihr
an einem dünnen Aste
und glänzte hell, dass vor Begier
die Kerze innerlich raste.

Die Kugel wusste nichts vom Leid
der liebeskranken Kerze –
sie strahlte im silbernen Festtagskleid,
doch fehlte ihr das Herze.

Erhaben, kalt wie ein Planet,
hing sie in ihrer Sphäre.
Die Kerze wollt' wie ein Komet
verbinden diese Leere.

Die Sehnsucht drang mit voller Kraft
aus ihrem reinen Innern,
sie stieg als Flamme aus dem Schaft,
den Zwischenraum zu verringern.

Und taumelnd strebte ihre Flamme
hinauf zur Heißersehnten
und leckte verzückt mit feurigem Kamme
am Kleid der Obenerwähnten.

Doch ach, wie wandelt sich mit Grauen
das Bild, sonst licht umstrahlt!
Wie schrecklich war sie anzuschauen
in schwarzer Rußgestalt!

Die Kerze packte kalter Schauer,
ihr Flämmchen schrak zurück,
vorbei des freudigen Wahnes Dauer,
zerstört war all ihr Glück.

Sie schwand dahin, verzehrt vor Gram
und von unsäglichen Schmerzen.
Die wächsernen Tränen verrannen noch warm,
dann verschied sie an gebrochenem Herzen.

Das Damenbildnis

Ein altes Bildnis an der Wand
in Farben ernst und dunkel
es zeigt eine Dame im Trauergewand
doch in den Augen Gefunkel.

Sie trauert schon seit dreihundert Jahren
und will nun trauern nicht mehr –
das ewige, trübe Trauergebahren
widerspricht ihrem Lebens-Begehr.

Doch eines Tages da trat heran
ein junger Kunststudent
und sah das Bild genau sich an -
es ergriff ihn vehement

denn diese schöne Frau im Bilde
zu schad zum Trauern war,
und dass im Grunde sie als Wilde
gern leben wollte war klar.

Ihr Blick zog den Studenten an:
er streckte die Hand nach ihr
geriet in ihrer Augen Bann
und fühlte sich wie ein Stier

den brünstig es zum Weibstier drängte
und seine Lippen umkosten
die weiße Hand, die herabgehängte,
und Leidenschaften umtosten

den jungen Mann - die dunkle Madame
zog halb ihn hin nicht bieder
halb sank er willig ohne Scham
an ihr geöffnetes Mieder.

Er presste sich an ihren Busen
den meisterhaft gemalten
und fing gleich an mit ihr zu schmusen
dass sich lösten die Farben die alten.

Der Liebende war so entzückt,
dass gar nicht er bemerkte,
wie er die Leinwand eingedrückt,
an welcher der Maler werkte.

Er flog hochkant von der Akademie,
die Dame blieb an der Stelle –
der arme Student war nun ohne sie –
doch noch heute sieht man die Delle.

Die Schnecken

Es sprach ein Schneck zum andern Schneck:
Geh aus dem Weg mir los weg weg!
Der andre Schneck jedoch nicht dumm
wollt' auch nicht kriechen drum herum.

Sie stritten hin sie stritten her
und da passierte das Malheur:
Es kam ein Rabe mit Gebraus
und fraß die beiden auf samt Haus.

So war'n im Tod sie einiglich
der Rabe aber freute sich.

Der Schmetterling

Ich taumle über Blüten hin
mir ist ganz taumelig zu Sinn.

Ich schlürfe süßen Nektar ein
und taumle voll von Honigseim.

Wo ist min Fru die Flüggelin?
Aha dort taumelt sie dahin!

Ja ja einst hab ich traumverloren
als Ehweib taumelnd sie erkoren.

Komm lass uns taumeln hier zu zweit
und freuen uns der Maienzeit!

So taumeln sie in Heiterkeit
und taumeln in den Schnabel weit

den aufgesperrt ein Federflieger –
nun taumeln sie wohl nie mehr wieder.

Der Wurm

Es lag ein Apfel dick und rund
im Grase schon seit mancher Stund.

Ein Wurm der ihn gerochen
kam flugs herbeigekrochen
und bohrt' in ihn ein Löchlein fein
und kroch dann selber da hinein.

Er fraß sich bis ins Innere durch –
noch war er schlank als wie ein Lurch.
Im Innern dann sogleich
vergrößerte er sein Reich.

Er fraß wohl sieben Tage lang
und wurde fett und gar nicht rank.
Die Haut die glänzte weiß wie Speck
ringsum lag hoch der eigne Dreck.

Der Wurm doch war's zufrieden
solang ihm Fraß beschieden.
Er strich sich übers Bäuchlein rund
und sprach zu sich mit vollem Mund:

Ei ei wie ist's mir hier erbaulich
und auch so wundernett beschaulich!
Wie hab ich es doch hier so schön
möchte nimmer in die Welt nausgehn!

Wie angenehm ist dieses Nest
und täglich fress' ich nur das Best:
Zum Frühstück Apfelmus in Masse
und Apfelsaft 'ne große Tasse.

Zu Mittag Apfelfleisch sodann
soviel als ich nur essen kann.
Doch Apfelhaut und Apfelkern
die ess' ich abends gar zu gern.

Ja ja der Bauch der braucht viel Essen
den Geist den kann man ja vergessen
die Dummheit lässt sich leicht ertragen
allein nicht wenn er knurrt: der Magen!

Auch pfeif ich auf den Geistesschund
solang ich satt bin und gesund!
Solang ich nur mein Fressen hab
bin ich auch sicher vor dem Grab!

Doch kaum war's Wort dem Mund entfleucht
da kam ein Schwein heran gekeucht
und setzte – schmatz - mit viel Pläsir
ein Ende diesem Wurmestier.

Die Schleiereule

Ich bin die Schleiereule
und jage in der Nacht
auf meines Baumes Säule
sitz ich und halte Wacht.

Ich bin die Schleiereule
und späh' nach Mäusen aus
ich fang sie mit Geheule
mach ihnen den Garaus.

Ich bin die Schleiereule
und heul die ganze Nacht
denn heut hab ich 'ne Beule
bin an den Baum gekracht.

Ich bin die Schleiereule -
auf meines Baumes Säule
sitz ich nun mit Geheule
samt einer Fleischeskeule
und einer dicken Beule –
Ich bin die Schleiereule.

Katz und Maus

Die Katze lässt das Mausen nicht,
auch wenn es ihr an nichts gebricht.
Sie lauert tückisch in der Nacht,
hat manche Maus nach Haus gebracht.

So sitzt sie nächtens einmal wieder
vor einem großen Busch mit Flieder.
Da raschelt leis es im Gestrüpp -
ein Mäuslein spitzt hervor, ganz lieb,

und schnuppert hier und schnuppert da –
die Katze denkt sich: „Olala!
Das Glück mir rasch winkt heute,
die Maus wird leichte Beute!"

Die Maus hüpft fröhlich hin und her
und knabbert Samen und noch mehr,
verschlingt ein Würmchen auch mit Lust,
ist weit entfernt von jedem Frust.

Sie sieht zu spät ein Tier, gefleckt,
das hat die Tatze ausgestreckt
und schlägt nach ihr mit spitzen Krallen -
das will dem Mäuslein nicht gefallen.

Zum Glück kann sie noch grad entrinnen
und flüchtet fort vor Angst von Sinnen.
Doch dann erwischt sie eine Tatz,
und nun beginnt die Todeshatz.

Wohin die Maus sich immer wendet,
die Flucht stets vor der Katze endet.
Die schleudert weit sie durch die Luft,
das Mäuslein piepsend um Hilfe ruft -

doch Mausefreunde bleiben fern,
sie sehen die Nähe der Katze nicht gern.
Das Mäuslein fällt ins Gemüsebeet,
und da ist jede Flucht zu spät,

denn zwischen Möhren und Spinat
die Katze durchbeißt ihr den Lebensdraht
und dient die Beute schmeichelnd an
dem schwarzen Kater Slobodan *.

Der saugt ihr nur das Blut heraus
und lässt den Rest als Leichenschmaus
den Würmern Käfern und Insekten,
die sich danach die Mäuler leckten.

* Vorname des ehemaligen, diktatorisch-verbrecherischen
Serbenpräsidenten Milošewics.

Der Jäger und der Bock
(eine Jagdballade)

Ein Jäger sitzt im Jägerstand
und holt sich einen runter –
vor ihm im Dickicht unerkannt
ein Rehbock steht putzmunter.

Er wartet auf die Ricke* dort
die auf der Wiese weilt –
dies ist jedoch kein sichrer Ort
und wird gern angepeilt

von Jägern die auf Rotwild schießen.
Die Ricke muss das nicht verdrießen:
sie grast und grast und frisst sich voll
derweil der Bock ist nach ihr toll.

Der Samen spritzt wie Pollenflug
der Jägersmann hat nun genug.
Er hebt die Büchse hoch zum Schuss -
da schreckt die Ricke – welch Verdruss!

Sie hört den Brunftschrei und das Locken
und macht sich langsam auf die Socken.
Der Jäger welcher ohne Weib
und nur so jagt zum Zeitvertreib

schießt rücksichtslos und voller Tücken
der armen Ricke in den Rücken.
Der Schuss ertönt das Tier fällt um -
der Bock steht da nur stumm und dumm

und sieht noch wie der Jägersmann
die Ricke zieht zum Caravan -
Ja hätt' sie nicht soviel gefressen
und hätt' das Brunften nicht vergessen!

So zieht der Bock alleine fort -
allein bleibt auch der Jägersmann.
Er fährt zu irgendeinem Ort
wo er die Ricke häuten kann.

* weibliches Reh

Die zerstreute Brillenschlange

Es war einmal eine Brillenschlange,
die war ganz ungewöhnlich lange,
und da sie auch sehr kurzsichtig war,
sah ihr Schwanzende sie nicht mehr klar.

Und ohne ihre riesige Brille
nahm wahr sie in des Dschungels Fülle
nur Lichter, Farben grün und braun,
doch keine Formen zum Anschaun.

Zudem war sie extrem zerstreut,
und so passierte es erneut,
dass ihre Brille sie verlor
im Unterholz oder im Moor.

Sie suchte hier, sie suchte dort,
doch stets war es der falsche Ort.
Die Brille war nicht mehr zu finden,
weg war sie - nicht mehr zu ergründen!

Nach all dem Hin-und Hergelunger
bekam sie schließlich großen Hunger.
Deshalb sie nun nach Beute witterte –
die Spitze ihres Schwanzes zitterte.

„Aha!", dachte sie, „da bewegt sich was!
Ein Beutetier im hohen Gras!"
Sie biss schnell zu und packte es ganz -
doch dummerweis war`s der eigene Schwanz,

den sie für fette Beute hielt,
und den sie fraß nun ganz gezielt.
Am Anfang schmeckte es nach Schuppen,
ein bisschen so wie Raupenpuppen

und im Aroma ziemlich fad,
doch langsam wurde es delikat:
je mehr sie von der Beute fraß,
je mehr sie hatte Essensspaß.

Die Bissen wurden fett und fetter –
die Schlange fand das nett und netter.
Sie fraß sich durch bis hin zur Mitte,
denn sie war gut bei Appetite.

Ihr schien die Mahlzeit leicht verdaulich,
auch fühlte sie sich überschaulich.
Kein Wunder: sie war nur mehr halb so lang,
doch darob wurde ihr nicht bang.

Sie fand auch ihre Sicht jetzt besser
und grub sich mit der Zähne Messer
ins eigene dicke Fleisch hinein,
und nagte es ab bis zum Gebein.

Erst als erreichte sie den Kopf,
da war es ihr, als würde ein Pfropf
inmitten ihrer Mahlzeit stecken –
und sie begann daran zu lecken

und züngelte hektisch unter den Augen,
versuchte das Fleisch der Umgebung zu saugen.
Mit einem Mal wurd's um sie dunkel,
sie sah nur noch des Hirns Gefunkel.

„Die Nacht bricht aber schnell herein!"
war ihr letzter Gedanke im Schlangensein.
Dann machte es im Hirne „Klick",
und ihr Kopf war nur noch ein totes Stück.

Epilog

Ein Inder fand den Schlangenrest
und nahm ihn mit zum nächsten Fest.
Die abgenagte Schlangenhaut
schenkt er der hocherfreuten Braut.

Die konnte draus ein Täschchen machen,
um zu verstauen Schminkesachen.
Die weiße, spitze Zahnmanchette
hängt er sich um den Hals als Kette.

So diente nach dem Tod noch lange
als Schmuck die zerstreute Brillenschlange.

PARODIEN

Parodie (griech.= Gegengesang) ist seit dem Altertum eine beliebte Gattung, bereits vorhandene literarische Werke in übertreibender Nachahmung zu verspotten.

Meist wird die äußere Form beibehalten, doch unter neuem, oft aktuellem, aber nicht dazu passendem Inhalt dargeboten. Durch diese Diskrepanz zwischen Form und Inhalt entsteht ein Moment des Komischen, das den Leser erheitern soll.

Neben der satirischen Verzerrung des Inhalts (*Hofbräuhaus*) kann Parodie auch einfach als harmloses Spiel betrieben werden, aus Lust an der komischen Abwandlung des Stoffes (*Das Weidenrösslein*).

Parodie kann auch Stilimitation sein, d.h. man dichtet in möglichst perfekter Nachahmung im Stile eines Autors, sodass es den Anschein hat, das Gedicht stamme von dem betreffenden Autor selbst (*Nächtliches Drama, Das Horoskop*).

Um eine Art parodistischer Nachschöpfung handelt es sich schließlich dort, wo der Versuch unternommen wird, Verse aus der ILIAS des Homer in halbierten Hexametern mit Endreimen wiederzugeben.

Da auch von einem „Bildungsbürger, d.h. einem Leser mit höherer Schulbildung, nicht die Kenntnis aller parodierten Gedichte vorausgesetzt werden kann – obgleich sattsam bekannte, häufig zitierte und oft in Lesebüchern anzutreffende Gedichte aufs Korn genommen werden - erschien es ratsam, die Originalversion des jeweilig parodierten Gedichts beizufügen, um dem Leser eine Vergleichsmöglichkeit und die Gelegenheit zu geben, sich selber ein Urteil darüber zu bilden, inwieweit die Parodie gelungen ist, d.h. als „witzig" bezeichnet werden kann.

Geistiges Eigentum

So mancher Literat
bekleckert sich mit Ruhm,
weil er nichts anders tat
als geistiges Eigentum
von Fremden für sich selbst
knallhart zu postulieren
und ungeniert davon
auch noch zu profitieren.

Gebraucht sind die Gedanken,
solang die Welt besteht,
auch große Dichter schwanken,
was fremden Geist angeht.

Wenn mit Verstand zitiert,
mag es schon sein dein Eigen –
auch Goethe ungeniert
stahl's „Röslein auf der Heiden" *

* Anspielung auf Goethes „Übernahme" eines gleichlautenden, alten
elsässischen Volkslieds, das er im Grunde nur rhythmisch umstellte.

Dunkel umfing noch die Erde

(Nach HOMERS *ILIAS*, 19. Gesang, Vers 1-15)

Dunkel umfing noch die Erde,
Tithonos[1] schnarchte noch laut,
doch Eos , dass Licht es werde,
erhob sich – zwar gar nicht erbaut –
im Safrangewande und gähnte.

Darauf von Okeanos Fluten
entschwebte sie, zitternd vor Frost,
und streckte die Finger wie Ruten
über den Himmel von Ost,
und sieh! Es erstrahlte im Lichte

Die Erde und wurde lebendig:
Emsig regten sich Hände
der Griechen und Trojer – gar wendig,
flugs geschnallt um die Lende
das Schwert und auf ins Getümmel!

Im Fluge jedoch durch den Äther
kam Thetis[2] herangebraust,
beladen mit Waffen wie später
du nie mehr solche schaust,
von Hephaistos[3] herrlich geschmiedet.

1 Gatte der Eos, der Göttin der Morgenröte
2 Meeresnymphe und Mutter des Achilleus
3 Sohn des Zeus, Gott des Feuers, Schutzgott der Schmiede

Geheul empfing sie, Gekreische!
Triefenden Augs die Genossen
standen um Patroklos' [4] Leiche,
Achilleus in Tränen zerflossen,
umschlungen hielt den Gefährten.

Rasch und mit silbernen Füßen,
im Antlitz mit Kummerfalten,
trat sie herzu, um zu grüßen
den trauernden Sohn und zu walten
tröstend in Unglück und Leid.

Die Hand ihm umfasst' sie geschwind
und sprach die geflügelten Worte:
„Geliebtester Sohn, mein Goldkind,
oh hemme an diesem Orte
der Trübsal die Flut deiner Tränen.

Lassen wir, wenn auch mit Schmerzen,
den edelen Patroklos ruhn,
dem die undurchschaubaren Herzen
der Götter beschlossen den Tod nun,
denn niemand kann es mehr ändern.

Du aber, werter Achilleus,
erhabenster Held der Achäer, [5]
Sohn des reisigen Peleus, [6]
geschmeidig und schön wie ein Häher,
empfange die prächtigen Waffen!

4) Griech. Held im Kampf um Troja, Busenfreund des Achilleus
5) Frühgriech. Stamm, bei HOMER die Gesamtheit der Griechen
6) Meeresgott, Gatte der Thetis

Hephaistos in sprühender Glut
hat schwitzend sie dir geschaffen,
auch die schimmernde Rüstung so gut,
wie ähnlich vom Feind sie zu raffen
dem Sieger niemals vergönnt war."

So lieblich tönend und zärtlich
entrannen die Wort' ihrem Munde,
und der mutige Renner, kaum merklich,
vergaß die quälende Wunde,
die des Freundes Tod ihm geschlagen.

Sodann als die Hehre geendet,
zur nahrungssprossenden Erde
das holde Antlitz gewendet,
legt sie mit sanfter Gebärde
die Waffen hin vor den Sohn.

Da klirrte das Wundergeschmeide,
es erschallte die Luft im Klange,
die Myrmidonen,[7] weiß wie Kreide,
erstarrten und wurden bange
und alle befiel ein Zittern.

Von kalten Schauern durchdrungen,
geduckt vor Furcht wie die Hunde,
stierten die Helden, besungen
so oft von des Dichters Munde,
zu Boden mit klappernden Zähnen.

7) Gefolgsleute des Achilleus

Keiner auch wagt' es von ihnen,
gerade ins Antlitz zu schauen
der Göttlichen unter den –innen,
sondern den Kriegern, den rauen,
schwankten die kräftigen Knie.

NEUNZEHNTER GESANG

Achilleus entsagt dem Zorne

Eos im Safrangewand stieg auf aus Okeanos' Fluten,
Göttern und sterblichen Menschen die Leuchte des Tages zu bringen.
Thetis kam zu den Schiffen, die Gaben des Gottes im Arme.
Dort aber fand sie den lieben Sohn bei Patroklos liegend,
Bitterlich weinend, und um ihn her die Schar der Genossen
Jammerte. Unter sie trat in den Kreis die herrliche Göttin,
Nahm ihn fest bei der Hand und sprach ihm zu mit den Worten:
    Lassen wir diesen doch jetzt, mein Kind, wie sehr es uns schmerzet,
Liegen, dieweil ihn einmal der Wille der Götter bezwungen.
Du aber nimm von Hephaistos hier die prangenden Waffen,
Strahlend schön, wie sie nie noch ein Mann um die Schultern getragen.
    Also redete Thetis und legte zu Boden die Waffen
Dicht vor Achill; da erdröhnten die künstlich geschmiedeten alle.
Alle die Myrmidonen erschraken; kein einziger wagte,
Grade sie anzusehen; sie bebten zurück.

Das Weidenrösslein

(nach GOETHE: *Heidenröslein*)

Sah ein Knab ein Rösslein stehn,
Rösslein auf der Weiden,
lief er hin, um's anzusehn,
denn er wollt' es reiten.

Doch das Weidenrösslein schnaubt:
„Ich möcht ruhig weiden,
Reiten ist dir nicht erlaubt,
denn ich kann's nicht leiden!"

Doch der dreiste Knabe schwang
sich auf Rössleins Rücken,
und ihm wurde gar nicht bang,
es ganz fest zu drücken.

Doch das Rösslein machte hopps
- es hatt' seine Tücken –
und infolge des Galopps
Knabe fiel auf Rücken.

Knabe lag nun reglos da
zu des Rössleins Füßen,
Rösslein schnaubte nur: „Ja ja,
musst er's eben büßen!"
Rösslein, Rösslein, Rösslein bös,
Rösslein auf der Weiden.

Heidenröslein

Sah ein Knab' ein Röslein stehn.
Röslein auf der Heiden.
War so jung und morgenschön.
Lief er schnell es nah zu sehn.
Sah's mit vielen Freuden
Röslein, Röslein, Röslein rot,
Röslein auf der Heiden.

Knabe sprach: ich breche dich.
Röslein auf der Heiden!
Röslein sprach: ich steche dich.
Daß du ewig denkst an mich.
Und ich will's nicht leiden.
Röslein, Röslein, Röslein rot,
Röslein auf der Heiden.

Und der wilde Knabe brach
's Röslein auf der Heiden;
Röslein wehrte sich und stach.
Half ihm doch kein Weh und Ach.
Mußt' es eben leiden.
Röslein, Röslein, Röslein rot,
Röslein auf der Heiden.

Das Handy
(nach KLOPSTOCK: *Das Rosenband*)

Im Palmenschatten fand ich sie,
im Silbertanga – dernier cri -.
Sie sah mich nicht und döste still.

Ich sah sie an und mein Gemächte
begann zu schwellen gleich der Wächte,
die Höhenwind im Schnee erzeugt.

Ich schaltete mein Handy an
und flüsterte ihr zärtlich zu –
sie hörte es nicht, die dumme Kuh!

Erst als **ihr** Handy dauernd piepte,
erwachte sie und hörte mich an -
den Rest man sich wohl denken kann.

Das Rosenband

Im Frühlingsschatten fand ich sie,
Da band ich sie mir Rosenbändern –
Sie fühlt' es nicht und schlummerte.

Ich sah sie an:: mein Leben hing
Mit diesem Blick an ihrem Leben..
Ich fühlt' es wohl und wusst' es nicht.

Doch lispelt' ich ihr sprachlos zu
Und rauschte mit den Rosenbändern :
Da wachte sie vom Schlummer auf.

Sie sah mich an: ihr Leben hing
Mit diesem Blick an meinem Leben,
Und um uns ward's Elysium.

Liebeslied

(nach BRENTANO: *Wiegenlied*)

Singet laut und immer lauter
ein Mick Jagger *- Liebeslied!
Seht und hört: die Liebste haut er,
wenn er über Bühnen zieht.

Laut singt er da zur Gitarre,
schreit die Brunst in Mikrophone,
schwenkt die Arme wie ´ne Knarre,
krächzt und stöhnt in heiserm Tone.

Wiegenlied

Singet leise, leise, leise,
Singt ein flüsternd Wiegenlied,
Von dem Monde lernte die Weise,
Der so still am Himmel zieht.

Singt ein Lied so süß gelinde,
Wie die Quellen auf den Kieseln,
Wie die Bienen um die Linde
Summen, murmeln, flüstern, rieseln.

* Britischer Rockmusiker der *Rolling Stones*

Californian Dream
(nach HEINE: *Leise zieht durch mein Gemüt*)

Lärmend dringt in mein Gehör
grässliches Geknatter:
ein Millionen-Autoheer
flutet, wird nie matter.

Braust hinaus ins *Disneyland,*
wo die Schlösser blinken,
wo ein jeder *Micky** kennt
und die Zwerge winken.

Leise zieht durch mein Gemüt

Leise zieht durch mein Gemüt
Liebliches Geläute.
Klinge, kleines Frühlingslied,
Kling hinaus ins Weite.

Kling hinaus, bis an das Haus,
Wo die Blumen sprießen.
Wenn du eine Rose schaust,
Sag, ich lass sie grüßen.

Mickey Mouse

* Mickey Mouse, dt. Mickymaus, berühmte Zeichen-
trickfigur Walt Disneys.

Du bist wie eine Schnecke
(nach HEINE: *Du bist wie eine Blume*)

Du bist wie eine Schnecke,
so schleimig und so braun.
Du kriechst um jede Ecke,
du klebst an jedem Zaun.

Mir ist, als ob mit dem Schuh
ich auf dich treten sollte –
dann hätt ich endlich Ruh
und täte was ich wollte.

Du bist wie eine Blume

Du bist wie eine Blume,
So hold und schön und rein.
Ich schau dich an, und Wehmut
Schleicht mir ins Herz hinein.

Mir ist, als ob ich die Hände
Aufs Haupt dir legen sollt,
Betend, dass Gott dich erhalte
So rein und schön und hold.

Der Blitz
(nach Gustav SCHWAB: *Das Gewitter*)

Unter dörflicher Ururalt Linde
da hocken mit ihrem uralten Gesinde
Urahne, Großmutter, Mutter und Kind,
und in den Zweigen säuselt der Wind.

Er säuselt und säuselt und wird zum Sturm,
aus uraltem Stamme kriecht ururalt Wurm,
der hat an dem ururalt Holze gefressen –
das haben die Uralten glatt vergessen.

Drum hocken sie weiter unter Ururalt Linde:
Urahne, Großmutter, Mutter mit Kinde –
Es donnert von fern und die Luft ist schwül,
doch unter der Linde ist's immer noch kühl.

Da kracht es - ein Blitz hat eingeschlagen,
und unter der Ururalt Linde tot lagen
Urahne, Großmutter, Mutter und Kind
und um sie verstreut ihr uralt Gesind.

Urahne, Großmutter, Mutter und Kind
In dumpfer Stube beisammen sind;
Es spielet das Kind, die Mutter sich schmückt,
Großmutter spinnet; Urahne, gebückt,
Sitzt hinter dem Ofen im Pfühl'. –
Wie wehen die Lüfte so schwül!

Das Kind spricht: „Morgen ist's Feiertag;
Wie will ich spielen im grünen Hag',
Wie will ich springen durch Tal und Höhn,
Wie will ich pflücken viel Blumen schön;
Dem Anger', dem bin ich hold!" –
Hört ihr's, wie der Donner grollt?

Die Mutter spricht: „Morgen ist's Feiertag;
Da halten wir alle fröhlich Gelag,
Ich selber, ich rüste mein Feierkleid;
Das Leben, es hat auch Lust nach Leid,
Dann scheint die Sonne wie Gold!" –
Hört ihr's, wie der Donner grollt?

Großmutter spricht: „Morgen ist's Feiertag;
Großmutter hat keinen Feiertag.
Sie kochet das Mahl, sie spinnet das Kleid;
Das Leben ist Sorg' und viel Arbeit;
Wohl dem, der tat, was er sollt'!" –
Hört ihr's, wie der Donner grollt?

Urahne spricht: „Morgen ist's Feiertag;
Am liebsten morgen ich sterben mag;
Ich kann nicht singen und scherzen mehr,
Ich kann nicht sorgen und schaffen schwer,
Was tu' ich noch auf der Welt?" –
Seht ihr, wie der Blitz dort fällt?

Sie hören's nicht, sie sehen's nicht,
Es flammet die Stube wie lauter Licht:
Urahne, Großmutter, Mutter und Kind
Vom Strahl miteinander getroffen sind.
Vier Leben endet ein Schlag, –
Und morgen ist's Feiertag.

Nächtliches Drama
(Im Stil von Wilhelm BUSCH)

In seinem Bette schnarcht vernehmlich
Herrr Pumpel ungeniert und dämlich,

Und nebenan wälzt mit Gebrumm
Frau Pumpel ruhlos sich herum

Und drückt ins weiche Federkissen
das linke Ohr fest und beflissen.

Doch leider hat der Mensch zwei Öhren
und kann auch gut mit einem hören.

Frau Pumpel merkt auch dies sodann
und zieht die Deck' ans Ohr heran.

Da sie nun mühsam schnaufen muss,
bereitet ihr auch dies Verdruss.

Zum Nachttisch greift die Hand nervös –
klabumm! Die Lamp' fällt mit Getös.

Frau Pumpel wird dadurch nicht froher –
sie sucht nach dicker Watte, roher.

Schachteln, Dosen und Tabletten
samt den vielen Cremes, den fetten,

Werden hastig durchgewühlt,
bis die Hand die Watte fühlt.

Endlich, da man sie gefunden,
wird sie gleich ins Ohr gewunden,

Und mit sanftem Wonneblick
sinkt sie in ihr Bett zurück.

Denn der gute Mann indessen
schien das Schnarchen zu vergessen.

Frau Pumpel nickte ein schon träge,
da ging sie wieder los, die Säge!

Und tönt in altbekannter Weise
in dieses Ehgespannes Kreise.

Frau Pumpel, als sie dies gehört,
fährt auf im Bette ganz verstört,

Und blickt mit wildem Zornesblick
auf ihr getrautes Ehestück.

Doch gar nichts nützt der Augen Droh'n,
er kommt davon nicht zur Räson.

Und ach! Der Schnarchgetöne Graus
nun artet in ein Pfeifen aus,

das endlos aus der Kehle dringt
und lauter als von Vögeln klingt.

Doch kurz nur ist dies Zwischenspiel,
das Pfeifen wird ihm wohl zuviel.

Auf Intervalle zu verlegen,
geht nun all sein Musikbestreben:

Mal hoch, mal tief, dazwischen Röcheln –
Frau Pumpel zuckt es in den Knöcheln.

Sie zwickt ihn in das Steißebein,
doch ganz umsonst, er lässt's nicht sein!

Sie packt ihn an der Gurgel an
und schüttelt, was sie schütteln kann.

Er tut nur rülpsen – ordinär!
Frau Pumpel wird's im Magen leer.

Nun greift sie in die Haarestolle
und zieht ab eine Wickelrolle.

Behend sie's in die Nas' ihm drückt
und wartet, ob die List ihr glückt.

Ach je, nun zischet mit Geblase
er durch die aufgeblähte Nase!

Und da: es wandelt sich in Stöhnen –
daran kann sie sich nicht gewöhnen.

Und eilig stülpt sie auf den Kopf
das Kissen ihm, dem armen Tropf.

Hohl tönt's nun aus des Kissens Grund –
Frau Pumpel nimmt es wieder runt'.

Und als zu End mit ihrem Witz,
durchzuckt sie ein Gedankenblitz:

Vielleicht könnt' helfen kaltes Wasser?
Dann wär' er still, wenngleich als Nasser.

Gedacht und schneller noch getan,
rückt sie mit einem Kruge an

Und stürzt mit kurzentschlossnem Mut
auf ihn des Wassers kalte Flut.

Jäh aufgeschreckt aus süßem Traum
sieht Pumpel schwimmen sich in Schaum

Und ohne jegliches Verstehn
sein Eheweib daneben stehn,

Den Krug noch haltend in der Hand,
doch zitternd nun und weiß wie Wand.

Da wird ihm denn die Sache klar,
und auch, dass ihm gedroht Gefahr!

Weit schleudert er das Bett von sich
und springt heraus sehr zorniglich.

Ein großes Wehgeschrei hebt an,
der Mann klopft, was er klopfen kann.

Ja ja, so stört die Unklugheit
den Ruheschlaf der Nachteszeit.

Tut man schon selbst kein Auge zu,
so gönne man dem andern Ruh'!

Jet-Set *

(nach Stefan GEORGE: *Vogelschau)*

Weiße jumbos sah ich fliegen
Jumbos weiß und silbergrau
Sah sie sich in wolken wiegen
In den wolken feucht und rau.

Flotte stewards sah ich schwänzeln
Durch des jet-sets potpourri
Stewardessen sah ich tänzeln
Vor designern aus Pari.

Große namen hört ich flattern
Namen reich und medienschwer
Sah sie mit juwelen rattern
In dem flugtouristen-heer.

Jumbos seh ich ständig fliegen
Laute silbergraue schar
Wie sie sich in wolken wiegen
Für die umwelt von gefahr.

Vogelschau

Weisse schwalben sah ich fliegen Grosse raben sah ich flattern
Schwalben schnee-und silberweiss Dohlen schwarz u.dunkelgrau
Sah sie sich im winde wiegen Nah am grunde über nattern
In dem winde hell und heiss. Im verzauberten gehau.

Bunte häher sah ich hüpfen Schwalben sah ich wieder fliegen
Papagei und kolibri Schnee-und silberweiße Schar
Durch die wunderbäume schlüpfen Wie sie sich im Winde wiegen
In dem Wald der tusferi. In dem Winde kalt und klar.

* Gruppe reicher, den Tagesmoden folgender Menschen

Die Bodybuilder

(nach Hugo von HOFMANNSTHAL: *Die Beiden*)

Sie trug die Hantel in der Hand,
Ihr Oberarm glich deren Rand.
So straff und federnd war ihr Gang,
Kein Busen aus der Büste sprang.

So straff und fest war seine Hand:
Er zog Gewichte wie zwei Pferde,
und mit der Muskeln Kraftgebärde
posierte er an Saunawand.

Jedoch, wenn er aus ihrer Hand
Die leichte Hantel nehmen sollte,
So war sie beiden allzu schwer:

Denn beide schwitzten sie so sehr,
Dass keinen Halt die Hantel fand
Und polternd auf den Boden rollte.

Die Beiden

Sie trug den Becher in der Hand
– Ihr Kinn und Mund glich seinem Rand –,
So leicht und sicher war ihr Gang,
Kein Tropfen aus dem Becher sprang.

So leicht und fest war seine Hand:
Er ritt auf einem jungen Pferde,
Und mit nachlässiger Gebärde
Erzwang er, daß es zitternd stand.

Jedoch, wenn er aus ihrer Hand
Den leichten Becher nehmen sollte,
So war es beiden allzu schwer:

Denn beide bebten sie so sehr,
Daß keine Hand die andre fand
Und dunkler Wein am Boden rollte.

Im Hofbräuhaus
(nach Rainer Maria RILKE: *Der Panther*)

Sein Blick ist vom Vorübergehn der Krüge
so stumpf geworden, dass er nichts mehr schnallt.
Ihm ist, als ob man Hundert zu ihm trüge,
und doch kein Bier, das frisch und kalt.

Der flinke Gang beleibter Maiden,
die Dutzende von Krügen stemmen,
ist wie ein Tanz mit Bier, um zu vermeiden,
den Durst der Trinker je zu hemmen.

Und wirklich schiebt die allerträgste Lippe
sich gierig auf – dann rinnt ein Bier hinein,
rinnt durch der Kehle abgeschlaffte Strippe,
und hört im Magen auf zu sein.

Der Panther
Im Jardin des Plantes, Paris

Sein Blick ist vom Vorübergehn der Stäbe
so müd geworden, daß er nichts mehr hält.
Ihm ist, als ob es tausend Stäbe gäbe
und hinter tausend Stäben keine Welt.

Der weiche Gang geschmeidig starker Schritte,
der sich im allerkleinsten Kreise dreht,
ist wie ein Tanz von Kraft um eine Mitte,
in der betäubt ein großer Wille steht.

Nur manchmal schiebt der Vorhang der Pupille
sich lautlos auf –. Dann geht ein Bild hinein,
geht durch der Glieder angespannte Stille –
und hört im Herzen auf zu sein.

Im Süden

(nach Hermann HESSE: *Im Nebel*)

Seltsam, im Süden zu wandern!
Besonnt sind Stein und Bein,
ein Tourist folgt dem andern,
niemand ist allein.

Voll von Prospekten, die Reisen mir zeigen,
war mir die Welt meiner Träume.
Nun, da die Flugpreise steigen,
sind all diese Träume nur Schäume.

Wahrlich, keiner ist weise,
der nicht Mallorca kennt,
und Gran Canaria, das heiße,
das auf Titten und Hoden ihm brennt.

Seltsam im Süden zu wandern!
Reisen ist Einsamsein.
Kein Tourist kennt den andern,
jeder ist sich zu fein.

Im Nebel

Seltsam, im Nebel zu wandern!
Einsam ist jeder Busch und Stein,
Kein Baum sieht den andern,
Jeder ist allein.

Voll von Freunden war mir die Welt,
Als noch mein Leben licht war;
Nun, da der Nebel fällt,
Ist keiner mehr sichtbar.

Wahrlich, keiner ist weise,
Der nicht das Dunkel kennt,
Das unentrinnbar und leise
Von allen ihn trennt.

Seltsam, im Nebel zu wandern!
Leben ist Einsamsein.
Kein Mensch kennt den andern,
Jeder ist allein!

Menschenfall

(im Stil von Georg HEYM)

Die Tage fahren hin mit blinden Schauern
Die Winde tragen Schreie her und Sand
Mit fahlen Zungen dringt das Meer ins Land
Am Horizonte dunkle Panther kauern.

Und aus den schwangern Wüsten steigt ein Volk
Bewacht von den Kohorten aller Kolk-
Raben deren Haupt der Sturmgott zaust
Der johlend in den leeren Städten haust.

Und Männer Frauen drehn im Grab sich um
Wenn jener Trommler schlägt sein Dideldum
Und alle Ströme haben aufgeschlagen
Die Wunden daran die Schakale nagen.

Und Mädchen warm vom Ball noch und in Tüll
Verscharren ihren keuschen Fuß in Müll
Der unaufhaltsam aus den Türen dringt
Und in gestürzten Domen Hallelujah singt.

O dass ein Schoß mich je aus sich gespien!
O dass Posaunen mir ins will'ge Ohr geschrien!
Um meine Schritte schwelt der fahle Frost
Auf meinem Antlitz schwärt der dunkle Rost.

Und meine Kleider hängen schwer von Blut
Das von den Kreuzen stürzt in bittrer Flut
Und steigt und steigt anklagend hoch zum All
Und schlingt mit sich Graun Tod und Menschenfall.

Rotation
(nach Georg TRAKL: *Rondell*)

Vergangen ist der Städte Plage,
Der Autos rostmetallic Farben,
Der Taxis grelle Hupen starben,
Der Autos rostmetallic Farben,
Vergangen ist der Städte Plage.

Rondell

Verflossen ist das Gold der Tage,
Des Abends braun und blaue Farben,
Des Hirten sanfte Flöten starben,
Des Abend braun und blaue Farben,
Verflossen ist das Gold der Tage.

Laster

(nach Gottfried BENN: *Astern)*

Laster – elende Tage,
schwerer Motoren Krach,
der Zöllner lästige Frage,
das Geld hinunter den Bach.

Und immer die Kilometer,
der Raststätten fettiger Snack,
die Bars, das Bier, das Gezeter
der Weiber und Sex in dem Dreck.

Denn mancher hat keine Familie,
weit ist's bis Istanbul,
es wartet keine Emilie,
und mancher wird deshalb schwul.

Doch öfters romantisches Sehnen,
wo längst der Alltag wacht,
und Tag für Tag dieses Gähnen,
und Fahrten bis tief in die Nacht.

Astern

Astern – schwälende Tage,
Alte Beschwörung, Bann,
Die Götter halten die Waage
Eine zögernde Stunde an

Noch einmal das Ersehnte,
Den Rausch, der Rosen du -
Der Sommer stand u. lehnte
Und sah den Schwalben zu..

Noch einmal die goldenen Herden,
Der Himmel, das Licht, der Flor,
Was brütet das alte Werden
Unter den sterbenden Flügeln vor?

Noch einmal ein Vermuten,
Wo längst Gewißheit wacht::
Die Schwalben streifen die
Fluten
Und trinken Fahrt u. Nacht.

Der unästhetische Esel

(nach Christian MORGENSTERN:
Das ästhetische Wiesel)

Ein Esel
saß auf einem Sesel
inmitten Brotgebresel.

Wisst ihr,
weshalb?

Die Milka-Kuh
verriet es mir
im Stillen:

Das blede Tier
tats um der Bresel willen!

Das ästhetische Wiesel

Ein Wiesel
saß auf einem Kiesel
inmitten Bachgeriesel.

Wißt ihr,
weshalb?

Das Mondkalb
verriet es mir
im stillen:

Das raffinier-
te Tier
tats um des Reimes willen.

Die Ziegen

(nach Joachim RINGELNATZ: *Die Ameisen*)

Es waren einmal zwei Ziegen,
die wollten nach Griechenland fliegen,
doch da gibt's schon Ziegen genug -
also sparten sie sich den Flug
und grasten brav an der Leine
und verbrachten den Urlaub am Rheine.

Die Ameisen

In Hamburg lebten zwei Ameisen,
Die wollten nach Australien reisen.
Bei Altona auf der Chaussee
Da taten ihnen die Beine weh,
Und da verzichteten sie weise
Dann auf den letzten Teil der Reise.

Schulausflug

(nach Ingeborg BACHMANN: *Die große Fracht*)

Die laute Fracht der Schüler ist verladen,
der Sonderbus im Schulhof steht bereit,
und vorne drin der Klassenlehrer schreit.
Die laute Fracht der Schüler ist verladen.

Der Sonderbus im Schulhof steht bereit,
und auf die Lippen biestiger Pennäler
tritt unverhüllt das Grinsen dieser Quäler.
Der Sonderbus im Schulhof steht bereit.

Und vorne drin der Klassenlehrer schreit.
Noch trotz Verbots geraucht die letzten Kippen –
der Bus wird schleudern, stürzen über Klippen,
und vorne drin der Klassenlehrer schreit.

Die große Fracht

Die große Fracht des Sommers ist verladen,
das Sonnenschiff im Hafen liegt bereit,
wenn hinter dir die Möwe stürzt und schreit.
Die große Fracht des Sommers ist verladen

Das Sonnenschiff im Hafen liegt bereit,
und auf die Lippen der Galionsfiguren
tritt unverhüllt das Lächeln der Lemuren.
Das Sonnenschiff im Hafen liegt bereit.

Wenn hinter dir die Möwe stürzt und schreit,
kommt aus dem Westen der Befehl zu sinken,
doch offnen Augs wirst du im Licht ertrinken,
wenn hinter die Möwe stürzt und schreit.

Das Horoskop
(im Stil von Eugen ROTH)

Gar mancher vor dem Schicksal bangt
und wüsste allzu gern darob,
wohin sein Lebensweg sich rankt:
drum blickt er in sein Horoskop.

Dort liest er dann mit Wonneblick
von Sonnenstunden, Liebesglück,
von holder Eheharmonie
und einer Reise nach Pari.

Und auch in Geld- Geschäftesfragen
sieht er des Aufstiegs Pendel schlagen,
es winkt ein Hauptgewinn im Toto,
und nicht genug: auch noch im Lotto!

Der gute Mensch fühlt sich beglückt
und von der Aussicht ganz entzückt.

Doch als er dann ein andermal
will finden Trost im Tierkreiszeichen,
wird seine Miene blass und schmal,
ein Schreckensruf tut ihm entweichen.

Er liest von Trauer, Liebeskummer,
ein zarter Bund zerbricht wie Hummer,
am Ehehimmel drohet Streit
und sonstiges Familienleid.

Und auch, o Grausen, im Beruf
die Parze* ihm nur Unheil schuf:
Ein Misserfolg, Geschäftsmisere,
statt voller Kassen nun mehr leere!

Der gute Mensch fühlt sich bedrückt
und ist nun gar nicht mehr entzückt.

Er blickt voll Kummer in die Fernen
und sehnt sich fort von seinen Lieben,
und weiß auf einmal: in den Sternen
steht dir dein Schicksal nicht geschrieben.

* römische Schicksalsgöttin, die den Lebensfaden spinnt
und abschneidet.

LIEBESLYRIK

Liebeslyrik gibt es schon seit homerischen Zeiten. Da wurden die Geliebten besungen (Salomo) oder kunstvoll bedichtet (Sappho). Im Mittelpunkt stand immer die geliebte Person, die man sehnsuchtsvoll anbetete und nach der man sich schmachzend verzehrte.

Einen Höhepunkt entfaltete die Liebesdichtung des deutschen Sprachraums beim jungen Goethe und später in der Romantik und Biedermeierzeit, wo auch Männer häufig ins Taschentuch schluchzten aufgrund verschmähter oder enttäuschter Liebe. Im 20.Jh. nahm die Rührseligkeit langsam ein Ende. Dafür drangen humoristische Züge in die Liebesdichtung (Ringelnatz) , und schließlich spielte auch der Sex eine nicht zu übersehende Rolle (Benn).

Dieses Hin- und Herschwanken zwischen den beiden Polen Liebe - Sex mag auch die folgende Gedichtsammlung aufzeigen. Es ist Liebeslyrik im weitesten Sinne, d.h.: es gibt nicht nur die hehre Liebe mit Groß-L, sondern alle möglichen Spielarten und Abarten von dem, was man Liebe nennt. Mitunter werden auch Stilmittel der Satire eingesetzt (*Epigramme*) und verschiedenste Gedichtformen vom Sonett (*An den Andern*) bis zum modernen Zeilengedicht (*Fahnenflüchtig*). Auch das Manieristische (*An Blümchen*), Bizarre (*Perdita*) und Groteske (*Mongolen zwischen Azaleen*) feiert fröhliche Urständ. Schließlich ist auch noch einer populären, oft humoristisch gefärbten und gereimten Liebesdichtung Rechnung getragen worden (*Die Nachtigall*).

So wird bei dieser Sparte LIEBESLYRIK die Tendenz zu rührseligem und allzu ichbezogenem und sentimentalem Kitsch vermieden.

EPIGRAMME

Liebe - Sex

Umstand

Gelegenheit macht Diebe –
manchmal macht sie auch Liebe.

Einmal

Was einmal war, das kehrt nie wieder,
auch Don Juan wird schließlich bieder.

Trennlinie

Liebe und Sex – die lassen sich wohl trennen.
Was brauch ich Herz, will ich mit jemand pennen.

Genuss

Genieße ich heute, dann weiß ich, was war –
verschieb ich's auf morgen, ist's nicht mehr so klar.

Triebe

Es hat so mancher seine Triebe,
nur dumm, verwechselt er's mit Liebe.

Strom

Ohne Strom da gibt's kein Licht,
ohne Sex bleibt man ein Wicht.

Kuss

Was oftmals gilt,
das gilt auch für den Kuss:
nur Fantasie macht Spaß,
verspricht den Hochgenuss.

Rezept

Nach den altbewährten Maßen
wandelt sie auf Cannens Straßen:
vorne busig wie *Bardot*,
hinten mollig wie *Monroe*.

Römers Klage

O wie süß bist du Hetäre*,
wenn ich deinen Geldsack nähre!
Doch wenn ich mich nicht so näh're ,
wandelst du dich zur Megäre.*

Tempora mutantur*

Hübsch war sie und vielbegehrt,
in der Eh' war's umgekehrt.

* käufliche, gebildete Geliebte in der Antike
* Griechische Rachegöttin, übertragen=zorniges,böses Weib
*Latein: „Die Zeiten ändern sich."

An die Treulose

Was bist du schon, genau besehen,
als ein Skelett von Kopf bis Zehen,
das, wie es ist der Lauf der Welt,
in dumpfen Moderstaub zerfällt,
durch den mit wonnigen Gefühlen
die Würmer quer hindurch sich wühlen.

Rache

Die Rache gilt als nicht sehr fein,
doch sie befriedigt ungemein.

Enttäuschte Liebe schreit nach Rache,
der Hass bricht Bahn sich in dem Bache
gemeiner Worte und Gedanken,
die um das Hassobjekt sich ranken,
das man zuvor hat aufgefressen
aus Liebe – doch das ist vergessen!

Die Drüse

Wen ich liebe, wen ich hasse,
wen ich küss', wen ich verlasse
liegt an meiner *Hypophyse*,
all mein Glück an einer Drüse!

Schöne Vögel

Vögel mit den schönsten Federn
sitzen gern auf teuren Zedern,
doch ihr Fleisch schmeckt ziemlich fad –
sie nicht verspeisen ist guter Rat.

Wenn

Wenn Frau Frau liebt und Mann Mann,
fühlt sich mancher ganz spontan
da zum Richter aufgerufen,
dass es Funken schlägt aus Hufen,
die des Volks „gesundes" Pferd
allem, was erscheint verkehrt,
gegen Leib und Ehre sprüht –
mancher ist daran verglüht.

Dabei sollte man sich fragen,
ob nicht schon seit Urzeittagen,
bei den alten Hochkulturen,
in der Bibel, in den Suren,
Liebe höher stand als Brunst,
Freundschaft galt als höhere Kunst
als ein braves Eheleben,
dem die Massen sich ergeben.

Da es gibt im Menschheitskuchen
nur vereinzelte Rosinen,
wolln wir nicht den „Früchtchen" fluchen,
sondern lieber helfen ihnen.
Was die Griechen, Römer taten,
Plato, Sappho*, auch Prälaten,
ist nicht wider die Natur,
ist ein bisschen anders nur.

*größte griech. Lyrikerin 600 v.Chr. auf
der Insel LESBOS – lesbische Liebe

LIEBE – L'AMOUR – AGAPI
LJUBOW – AMOR – SEVGI

1
deutsch

Meine Gedanken sind
fahnenflüchtig geworden
das Ende ihres Urlaubs
ist nicht abzusehn.

Fern schwärmen sie dahin
als wüssten sie
dass es nur einen
Verbliebenen gibt:

Den der die Sehnsucht weckt
der betrübt und beseligt
der selbst den Fahnenflüchtigen
kehrten sie zurück
den Zutritt verwehrte –

Der Gedanke an dich.

2
französisch

Spürst du den Hauch des März
den Fächer des Windes im Haar?

Komm mit den schwarzen Augen du
lösche mein Weiß!

La terre est très bleu
violett lumière

Und lass uns den Regen trinken
der unsere Lächeln zerflößt
in grüner Träne des Strahles.

Und schau! Schaust du nicht du?
Ich schenke dir
einen Kelch voller Küsse.

Und dann schwingen wir uns
mon grand chat
hinauf auf den Regenbogen.

de l'aile persienne persienne

3
griechisch

Ein Geschmack von Salz auf den Lippen

Das glühende Ruder an meiner Seite
im Wehen der Möwen
du der du
im Gewoge der Pinien
deine Augen sind Falter
die meine Brüste kitzeln.

Horch wie sie schrill'n die Zikaden!
In den Feigenbäumen schwellen die Früchte

prall sinkt die Olive in den dämmrigen Grund.

Aufwirft die Gischt
ihre schaumigen Locken
und unsere Glieder sind lichtern
im tausendgefiederten Meer
lichtern und treiben
zwischen den Inseln

Den Gesang der Ägäis im Herzen.

4
Mythisch

Ariadne
Das Flammenrad zerfällt am Horizont
und dunkelnd schwimmen Wolkenfische
der Abend blutet aus
mit aufgerollten Zirrusfahnen
und Abschiedssong von Vögeln
tropft vom Himmel.

O Du!
Du unaussprechlich Nah und Ferne!
Entsteig dem Labyrinth der Nacht
flicht dir aus Orion und Pluto
ein Diadem ins Haar
und kette dich mit Glockenmonden.

Hüll dich ins Eiskleid der Plejaden
dass Erde klingt
im Tauschritt deiner Füße -
dein Arm ist ein Zaun in der Nacht
gelehnt ans Unsichtbare

und Sterne nisten dir im Haar

Der Wind spielt Murmeln mit den Locken
ein Kranz von Nachtgewölk
malt sich auf deine Brauen
und verträumt den Blick
als du dem Irgendwo entstiegst.

Hörst du den Harfenton der Stille
den unverhallten Mondesschrei?
Wenn Äcker falten Erdgewänder
um deinen Sphärenleib
und schwarze Wasser wehn
von deinen Lippen scharlachrot.

5
Russisch

Verblüht war aller Tage Schatten
als deine Nacht mich traf –

Heiß ging dein Atem
über meinen Leib
bis in mein Herz hinein
und alles war vergessen.

Dein Mund nahm mir die Angst
als wär sie nie gewesen
ganz tief in mir
wo du jetzt bist
und all die Freude.

6
Spanisch

Poesie und Sinnlichkeit
ist dein Körper -

In kosender Sanftheit
streift mich die Haut
deine Muskeln bebend und
prall verströmen
Männlichkeit und Begehr.

Unsere hitzigen Glieder
umschlingen sich tierhaft
buhlend und kämpfend
taumlig und rasend
verschmolzen in
andalusischem Rausch.

7
Türkisch

Die Blüten sind so voll

Und doch ist's erst
der Anfang allen Blühens
das uns erfasst hat
und erschließt
bis dass die Kelche
voll von Sonne
das Glück nicht mehr erfassen

und toll im Flusse treiben.

LIEBE - LEID

Tristesse

Im Mittagssturz des Lichts
zerfallendes Gewölk
Tristesse –

Alles ist nur Auswahl
bescheidnes Erlebnisprozent
Besitz einer Stunde
verwaist im Sande der Jahre.

Eben noch:
das Toben des Bluts
hinter den Schläfen
Sinnengesang der Leiber
im Aufschrei entgrenzter Gefühle –

Gischt
die sinnlos zerschellt
in endlose Teile Materie
an stoischem Ufergestein.

Und du kamst nicht

Der Tag stand gläsern
in gefrorenem Licht
und Eisschollen trieben
am Horizont
aus den Bäumen fiel
die metallene Skala der Vögel
und Schnee spie sich von Dächern
in schlotternde Alleen
ein Sturm warf die Sonne
über Halden aus Schutt

Und du kamst nicht

Meine Hoffnungen hingen
in mir winterlich
fröstelnde Zapfen
und der Schlag jeder Stunde
brach von ihnen ein Stück
das zerschellte klagend
im Spiegel
und zerschnitt mein Gesicht
das liegt nun in Scherben
und ist leer vor Leid.

Fortgang

In der dunklen Umarmung

Der vulkangesichtige Fischer
auf wiegendem Lager und
arglos die Nacht das
Raunen der Muscheln im Ohr

Già ti ta chéria

Meine Augen wirst du suchen
und meine Hände mein
Blick wird dich schmerzen
und mein Fortgang leer wehn

Già ti ta chéria ine schiniá

Die Hände sind Seile
und die Körper Schiffe und
wer die Seile durchtrennt
fährt leer und verlassen

*Già ti ta chéria ine schiniá
ke ta kormiá karáwia**

* neugriech.: „Denn die Hände sind Seile
und die Körper Schiffe."

Abschied

Zerbrochene Klänge
der Tag verfiel
Mitternacht erschrak
am Schwalbenschrei
und als der Morgen kam
machten die Häuser Unordnung
in den Straßen
auf den Plätzen
über den Dächern
wo verlegen Gebärden flatterten.

Der Mond stand noch Kopf im Nadir
als sich die Frage
dunkel an den Horizont warf
doch der Zeiger
zerschnitt die Gedanken.

Entseelt auf den Schultern
lagen gewesene Stunden
die Nähe starb schon in die Ferne.

Wolkentau der Frühe
irrt klagend im Haar
und stört die Reinheit der Stirn.

Gesicht
Gesicht in Trauer gemeißelt
und in den Zügen sitzt der Schrei.

Ein unvollendeter Satz
beschwert die Luft
das Wort das sich
sprechen wollte

ertrank schon im Munde.

Eine Hand
zögernde Hand
wirft sich banal zu Boden
und Herzschlag kauert
mumienhaft.

Blicke
Blicke die
die Blicke stürzen in
Brunnenschacht und gehen
lautlos unter –

Doch hinter den Lippen
weinte der letzte Gruß.

LIEBESSPIELEREIEN
MANIERISMEN

An Blümchen
(Sonett in der Art barock-manieristischer
Liebesdichtung)

O Blümchen, liebstes Kind, du Latz an meinem Herzen,
du Feuerzeug der Sinne, Radieschen meiner Gier,
mein Seufzen trocknet deiner Lippen Löschpapier,
du Salzfass meiner Pein, Salatöl meiner Schmerzen!

Du Krautfass meiner Lust und Bückling meines Sterzen!
Wenn ich erblick dein kürbisweiches Jagdrevier,
fühl ich mich stark und schwach als wie ein brünstger
Stier.
O du, die mehr versteht als nur mit Männern scherzen!

Komm, komm, entsteig dem Labyrinth der trüben Zeit,
du Andachtsfackelchen, du Milch der Fröhlichkeit,
du süßes Cola, draus Frau Venus üppig steigt,

Des Mannes Liebesapfel listenreich begeigt,
du Glühwurm, der mich hat bezirzt in Ochsenfurt,
komm, Spüli meiner Sorgen und spül mich mit dir furt!

An den Andern

(Sonett in der Art SHAKESPEAR'scher Sonette
an einen jungen Earl)

Das Feuer flackert in dem dunklen Raum
und Schatten tanzen dir auf dem Gesicht,
dein Blick starrt reglos in das heiße Licht,
versunken, fern die Augen wie im Traum.

Die edlen Züge, schwarzer Haare Saum,
auf denen sich der Schein der Flammen bricht,
ja, jeder Zug in deinem Antlitz spricht,
verbirgt dein innres Wesen mir nur kaum.

Du Sohn des Südens, den du stolz erschaut,
du bist mir fremd und seltsam doch vertraut,
wenn uns auch Land und Sprache schmerzhaft trennt.

Der Hauch verwandter Geister rührt uns an,
und uns verbindet durch der Blicke Bann
allein die Sprache, die das Herze kennt.

Perdita
(ein Liebeslied im FERRARI zu singen)

Perdita, o Perdita,
du blondes Erdeben!
Ich sehne mich beulig nach dir,
nach deiner
- schwing schwang -
lukullischen Apsis.

INTER

Du androgyner Engel du,
umstellt von Betten!
Ich sehe dich
cinemaskopisch vor mir,
du hirsebauchige Sünde
- schwipp schwapp -
in deiner Bluse aus
Brunnenwasser.

INTER VAS

Geliebte, Geübte,
Gelübde gelobe ich dir!
Ich höre dich in
guitarrischem Molldur,
du safte Sonate von Jesolo
- schwirr schwarr –
im rüschengeäugten
Strand-Cutaway.

INTER VAS NATURALE

Per o d'Ìta,
Periodta du
Fleischtopf Europens!
Ich fühle oasend nach dir,
nach deiner
– schwill schwall –
amüsanten
Ellipse.

INTER VAS NATURALE MULIERIS*

*Latein: Zwischen (in) dem natürlichen Gefäß des Weibes.

An die ferne Geliebte

Mongolen zwischen Azaleen
auf einer Flotte von Moscheen
schwimmen im Meer
mal hin mal her
hinab zum Land wo die Kamillen blühn –
dort dort Geliebte möcht ich mit dir Tee aufbrühn!

Und auf dem Rücken der Antillen
gekrönt mit Floskeln und Vanillen
jagen am Strand
im zirzenden Sand
wo die Klabauterfrauen Heringsköpfe drehn –
dort dort Geliebte möcht ich um dich Schlange stehn!

Wenn die Tomaten blau erröten
und Kängurus im Beutel flöten
wenn Affen kaun
am Maschenzaun
und der Banause in den Federn thront –
dann dann Geliebte fliegen wir zum Mond!

Notturno*

Die Elfe tanzt im Mondenschein,
sie tanzt und hebt dabei ihr Bein.
Sie tanzt Ballett als Mondscheinakt,
nur mit BH und sonst ganz nackt.

Die Elfe tanzt im Sternenlicht
und glänzt im ganzen Angesicht.
Sie singt mit sanftem Kantilen:+
„Weißt du, wie viel Sternlein stehn?"

Die Elfe tanzt im Neonglanz
und stripteasehaft wird da ihr Tanz.
Sie singt: „Ich bin die Nittribit*,
auf Männer, kommt, ich mach euch fit!"

Sie tanzt bis hin zum Morgenschein,
doch dann lässt sie das Tanzen sein
und schwindet aus dem Strahlenheer -
und dies ist kein Notturno mehr.

* Nachtmusik, Träumerei
+ ital.: getragene Melodie
* Rosemarie Nittribit, bundesdeutsch bekannte,
  skandalumwitterte Dirne der 50-ger Jahre.

Salome*

Über lotosbestecktem Gewässer
tändeln ihre Emotionen
venusische Energien
umsprühen ihr Haupt
Medusenhaupt*
mit brunftgeladnen Tentakeln.

Ihre Hände sind Lippen
die des Opfers Antlitz umkosen
ihr saugender Blick
Basiliskenblick*
getränkt mit nostalgischem Glanz
durchdringt nicht des Märtyrers Starre.

Aubrey Beardsley: Salome

* im NT Stieftochter des HERODES ANTIPAS, verlangte von diesem
die Erfüllung ihres Wunsches:den Kopf JOHANNES DES TÄUFERS
* griech.: weibl. Sagenungeheuer mit Schlangenhaupt
* Basilisk = griech. Fabeltier zwischen Schlange, Drache u. Hahn,
dessen Blick tötete

POPULÄRE LIEBESDICHTUNG

Frühling

Es lockt das männliche Geschlecht -
vor allem in der Frühlingszeit
sieht sich der Mann als toller Hecht
und ist zur Liebe stets bereit.

Die Frauen, voller Liebesdrang,
sich gerne legen auf das Moos,
dabei wird ihnen gar nicht bang,
denn erst geht es ganz sachte los.

Doch schon nach kurzen Augenblicken
wird heftiger das Liebesspiel,
doch leider kommen auch die Mücken,
und beide kommen nicht ans Ziel.

Herbst

Auch der Herbst hat schöne Tage –
vorbei ist nun die Mückenplage,
die Früchte in den Bäumen locken,
wer mag jetzt noch im Moose hocken?

Man beißt jetzt lieber in das Birndl
statt in das liebestolle Dirndl.

Die Nachtigall

Ihr goldenes Haar im Winde weht,
sie nackend auf der Brücke steht,
um sich zu stürzen in die Flut –
es wallt in ihr das junge Blut.

Von ferne sang die Nachtigall:
Am Dreißigsten ist Kaiserball!
Ihr Lebensmut kehrt schnell zurück,
denn Tanzen war ihr ganzes Glück.

Sitzen gelassen

Sie gingen beide Hand in Hand,
der Regenschirm war aufgespannt,
doch fiel kein einziger Tropfen Regen –
sie dachte an den Kindersegen.

Der Wind der sang ein Wiegenlied,
als er von Kind und Mutter schied.

Liebesszene

Er: Wie herrlich leuchtet uns die Natur!
Sie: O Gott, da ist ja Heu in meiner Frisur!

Er: Es dringen Blüten aus jedem Zweig!
Sie: Jetzt küss mich doch und sei nicht feig!

Er: Hörst du die Vögel dort im Wald?
Sie: Mir wird allmählich der Hintern kalt!

Er: Die Frühlingszeit ist eine Lust!
Sie: Dann fühle endlich meine Brust!

Er: O Mädchen, o Mädchen, ich lieb dich doch!
Sie: Dann komm doch endlich in mein Loch!

Let it be

Das Reh, das leckt am Salzleckstein,
der Hund, der leckt am Rinderbein,
das Schwein, das leckt ein andres Schwein,
das Schiff, das leckt von ganz allein,
so manche lecken sich zu zwein,
und willst du auch ein Lecker sein,
so leck mich oder lass es sein!

Liebesvergleiche

Ich bin der Eber, du die Bache,
ich bin der Regen, du die Lache.
Du bist das Horn und ich der Stier,
du bist das Cola, ich das Bier.

Ich bin der Pimmel, du der Mund,
ich bin die Wurst und du der Hund.
Du bist das Whiskas, ich die Katz,
du bist der Fänger, ich die Ratz.

Ich bin die Glocke, du der Turm,
ich bin die Schnecke, du der Wurm.
Du bist das Hirn und ich der Nabel,
du bist der Kain und ich der Abel.

Ich bin der Frühling, du der Winter,
ich schenke Veilchen, du schenkst Kinder.
Du bist das Brot und ich das Messer,
du sprichst zuviel, weißt alles besser!

Wer ist hier Mann und wer hier Frau?
Wir wissen's selbst nicht ganz genau.
Es spielt im ganzen keine Rolle,
so wie der Faden in der Wolle.

Der Blick

Nur einmal war ich dir ganz nah,
nur einen Augenblick,
nur einmal ich dich wirklich sah,
und dieses Einmal schien mir Glück.

Das war in jener Faschingsnacht,
- erinnerst du dich noch? -
als du mich strahlend angelacht
und herzlich sagtest „Komm doch!"

Und schon hielt dich umfasst mein Arm
und drehte dich im Kreise,
und Blues-Musik durchrann uns warm
auf sinnlich starke Weise.

Und wie dein Blick in meinem lag,
verschmolzen unsre Sinne –
für einen kurzen Augenschlag
schwieg des Verstandes Stimme.

Doch dann versank in dich dein Blick,
verbargen ihn die Lider,
und niemals gabst du ihn zurück
mir so wie einst – nie wieder!

Mit heitrer Unbekümmertheit
warfst du den Kopf nach hinten
und raubtest mir die Sicherheit,
die ich musst wieder finden.

Was ist der Blick für eine Macht,
dass er so kann verwirren,
dass er ganz plötzlich hat entfacht
in dir ein Sehnsuchtsirren.

Die Liebe
(Sinngedicht)

Die Liebe ist ein starker Wein
und steigt dir in den Kopf hinein –
die Liebe

Der Wein vergeht zwar über Nacht
und dir dann kaum mehr Kummer macht –
der Wein

Die Liebe, die bleibt kleben –
Allein, das ist es eben!

Schlager

In der kleinen Hafenbar
wird das große Glück erst wahr.

An der Theke lehnt ein Mann,
wehmutsvoll sieht er sie an,
und aus der Musikbox leise
tönet eine Liebesweise:

„Schwarze Augen, roter Mund,
Jenny, küsse mich gesund!"

Wehmutsvoll sieht er sie an,
und die Barfrau rückt heran,
und aus der Musikbox leise
tönt die sanfte Liebesweise.

Wehmutsvoll sieht sie ihn an,
und da rückt auch er heran,
und aus der Musikbox leise
tönt die sanfte Liebesweise:

„Schwarze Augen, roter Mund,
Jenny, küsse mich gesund!"

In der kleinen Hafenbar
war das große Glück dann wahr.

Die Begegnung
(ein SCRABBLE-Gedicht)

Aron   Nora
     Knab
     Bank

```
      K
A R O N
      A
      B A N K
          O
          R
          A R O N
                O
                R
            K N A B
                R
                O
                N
                O
                R
          N O R A R O N
          O           O
          R           R
          A R O N O R A
```

ZEITGEDICHTE GESÄNGE

Zeitgedichte – Gesänge bewegen sich in einer „höheren" Tonart von Dichtung. Mit großen Schritten und den Flügeln der Phantasie durchqueren sie alle Zeiträume von den mythischen Anfängen der Welt, über biblische und antike Epochen bis hin zu unseren modernen Zeitläuften.

Thematisch werden alle denkbaren Themen der Menschheitsgeschichte angesprochen, konkrete Geschichtsbezüge tauchen allenthalben auf (*Babylon, Ecce Homo*).

Eine Fülle von Anspielungen auf die Mythologie macht es nicht immer leicht, Inhalte und Sinn des Dargestellten zu erfassen, das sich oft assoziativ und sprunghaft entwickelt. Zum besseren Verständnis und als Interpretationshilfe sind daher immer wieder Fußnoten eingefügt worden.

Die Sprache dieser längeren und kürzeren Gedichte ist voll von Bildern, Vergleichen, Metaphern und Chiffren.

Gewisse Anklänge an die Art von Dichtung eines T.S.ELIOT (*The Wasteland*) und an Ezra POUNDS *Cantos* sind festzustellen. Aber auch biblischer Ton (wie z.B. in der *Apokalypse* des Johannesevangeliums) klingt an (*Am Feuer der Steppen*). An das *Hohe Lied der Liebe* SALOMOS erinnert *Dionysos,* wie auch dessen hymnisch-feierlicher Ton, der auch an anderen Stellen der 10 „Gesänge" unvermittelt zutage tritt.

Alle Zeitgedichte durchzieht immer wieder ein Ton der Klage und Trauer über die Vergänglichkeit alles Irdischen, über Leid, Tod und Untergang. Dennoch gibt es auch Zeilen, die das pralle und sinnliche Leben bejahen, allerdings manchmal wieder relativieren durch einen Unterton des Satirischen.

Charakteristisch für den Sprachrhythmus ist der stetige Wechsel zwischen sachlichem Parlando-Ton und schwingenden Dreiertakten, die an den sanghaften Stil Homers anknüpfen. Von daher wäre die Bezeichnung dieser Gedichte mit „**Gesänge**" vertretbar.

I

Weltstrom

Verstreut zwischen Inseln
ragen die Jahre – Meeresgeraun –
OKEANOS' * flutende Stimmen

Ich höre Gesang geweht
über den Weltstrom
ein Hallen
        Klagen
                Lärmen
von Stimmen
verebbt und verweht
steigend und fallend
im Widerhall
  Gefälle
          tastender
                Schritte

Von den Grenzen des Erdlands
stoischer KRONOS+- Gesang
Spurenfall von den
Brücken der Zeit

Anfang im Ende im
Anfang im Ende

---

*Griech.Mythos: Titan, ältester Sohn des Uranos(Himmel) und der
Gaia(Erde), auch gleichgesetzt mit „Weltstrom"
+ Titan, jüngster Sohn des Uranos u. der Gaia, der seine Kinder
verschlang, auch gleichgesetzt mit Chronos=Zeit.

Creavi hominem
*ad imaginem meam**
Macht euch die Erde untertan
bis Erde ihr werdet –

Und siehe ich sah
sah und tat nicht
hörte und rief nicht
nur
    fallen
        fallen
            hinab
den ewigen Mund der Zeit
von ihrem Atem getrieben
wie Wolken die schwelln und vergehn.

* Latein: " Ich habe den Menschen nach meinem Ebenbilde
geschaffen"

II

Babylon

Und tausend Fenster öffnen Schlünde
zum Himmel steigt Choral aus Stein
treppende Mauern
stufendurchschossen
Keil gegen Aufgang der Sonne
umlagert von Völkergetos –

Ich will in den Himmel steigen
meinen Thron zu den Sternen erheben
über den Mond
denn niemand gleicht mir auf Erden

Ich habe die Völker zu leeren
Gefäßen gemacht umgekehrt
ihre Städte ihre Heere zerscheitert
zu flatternden Käfern der Wüste

Ich die ich ICH bin
und niemand mehr über mir!

Mir gegenüber nur BAAL*
geschweißt von den Schmieden des Reiches:
da ragt er aus Erz empor
und sie beten ihn an...

Fallt nieder!- flackernde Fahnen –
Wer das Bild nicht verehrt
wird gesteinigt verbrannt!

* Hebr. ba'al=Herr, mesopotamisch: Fürst u. Herr der Erde in der
Erscheinungsform des Stieres

Und ich hörte Gesang aus den Öfen:
Doch einer wird kommen
den niemand verbrennen kann
dessen Atem ist Feuer
Flamme sein Lächeln
seine Hand ein Lichtstrahl
der Königreiche versengt
zerstreut sie im Aschenflug
und ihr Rum ist zerblasen
ihr Name Streuwerk den Vögeln

Und die Krone rostender Scherben
unter den Hufen der Schafe
die fressen und trampeln
lagern im Kot
wo die Stolze CHALDÄAS+ einst lag
mit lockeren Schenkeln

MAJA* im Glanz ihrer Nacktheit
lockend im Neonlicht
Erst Geld Darling und später
ein Cadillac ja?

Oder das eiserne Kreuz –
Kreuz das sich dreht im Quadrat
dreht auf den Blusen der Schwestern
Deus es nostra spes+
Atta unsar thu in himinam*

+ Teil Babyloniens, griech.-röm. Bezeichnung für BABYLON
*Anspielung auf Goyas berühmtes Bild der nackten MAJA
+ Latein: Gott du bist unsere Hoffnung
* Gotisch: Vater unser du in den Himmeln

Und wir werden noch weitermar-
   schieren wenn al-
   les in Scherrrben fällt..........

Maruschka Maruschka ein Kuss!
Vergiss Maruschka nicht
das Polenkind!

Marie deine Augen sind blau
wie mein Oberst dein
Haar hat den rassigen Ton...

Krimhíldens édeler Zopf

Als eine Trümmerfrau ihn fand
war er grau und morsch
doch als Souvenir für Mrs. Smith
brachte er fünf Dollar ein.

Und Butter war teurer als ein Gewehr
Kartoffeln mehr als ein Ehering
und um Kastanien schlugen sich Kinder.

Und siehe ich sah:
Kolonnen zerschlissener Füße
Stoff der nach Brand roch und Schutt
im Schritt ein Rieseln von Asseln
Rieseln von hohlem Gesang
und die Münder voll Rauch

Haschi wenu haschi wenu
adonai eläächa+

Verklagendes hängt in den Schächten –

+ hebräischer Klagegesang

Dohlenschrei im Gemäuer
ruft das Zwitschern der Jungen wach
und wieder singen die Lerchen
Das Gellen der Nächte verstummt
nur Wind der fegt durch die Häuser
und das Protzwerk der Mauern gekappt
zerbröckelt in Schutt

Vor seinem Bunker lag er verkohlt
und kein Grabstein erinnert an ihn.

Seine Füße waren aus Ton
sie konnten das Erz seines Körpers
den kultisch erhobenen Arm
und den Adler der die Sonne beschrie
nicht mehr tragen
ein Wort ins Rollen gebracht
warf ihn um aufs das schwelende Pflaster

NEBUKADNEZAR*

Dein Schwert fiel auf dich
deine Säulen zerbrachen
der Schrei deiner Hohen
im Gepränge der Orden
erstickte in Trümmern
Und ausgerissen dein Baum
zermalmt die Früchte im Tritt
klirrender Krieger
dein Land bedeckt
mit dem Laub der Erschlagenen
zwischen denen sie irren
deine Sterndeuter und Weisen.

* Nebukadnezar II, babylon. König, der 586 v.Chr.Jerusalem
zerstörte, die Judäer deportierte.Hier: iron.Chiffre für HITLER

III

Thanatos *

Und um Mitternacht zog ein Volk herauf
und bedeckte den Himmel mit Haien
die das Land überfielen
und aufging ein Rauch
vom verwundeten Erdreich
die Öfen der Städte
warfen Brand in die Nacht
schwelende Nacht.

Aus Persephones + Klüften
steigen die Schatten und tanzen
über den Weltstrom
THANATOS
die Masten sind geknickt
und richtungslos alle Ruder.

*Ihr die ihr nicht wisst wo ihr seid
mit Augen verharscht vom Geschehen
mit Händen die greifen und nicht wissen
mit Stimmen verbrannt am Sang der Metalle*
ihr meiner verzerrten Ebenbilder
im Ehrenschein eurer Seelen

MENE MENE TEKEL UPHARSIN *

Und sie schritten im Takte der Trommeln

* griech.: Tod   + Göttin der Unterwelt
*aramäisch: Gewogen, gewogen u. zu leicht
 befunden.

147

Ba'al auf loderndem Stein
der sang den Päan * ihrer Tritte
festlichen Aresgesang +
von Eden * bis Golgatha +

PLUIT SULPHUR ET IGNEM *

Zersprengt sind die Wege unseres Landes
die Ströme vertrocknet
der Himmel wirbelnde Asche
ins Gliederlos
gebreitet das Opfertier.

HIROSHIMA +

Dein Gesicht ist entblättert und fahl
erbrochen dein Leib
dein Mund eine blutende Wunde
tausendfältig umhängt
vom Schrei der Verstummten.

Wo sind deine Blüten
die zierlichen Schritte der Geisha*?
Verdorrt ist dein Lächeln Genji +
die Schwalbe baut
Nester in deinem Gewand.

Zündet euch Fackeln an
und sie vergehen im
Angesicht Eines Lichtes.

* griech. Schlachtruf - + Ares=griech. Kriegsgott
* das Paradies - + Kreuzigungsstätte Christi
* Latein: „Es regnete Schwefel und Feuer"
+japanische Stadt, die 1946 durch eine A-Bombe
  zerstört wurde - * japan. Gesellschafterin - + Prinz

Im Dämmer treiben sie hin
weh! auf faulendem Kiel
versprengt zwischen Inseln
hängt ihre Hoffnung.

ITHAKA*

*Meine Augen hängen voll Gischt
und brennen
meine Lippen sind dürr
wer hört was sie rufen?
stumm sind sie mir
im täglichen Ansturz der Möwen
ertaubt im
schrillen Chor der Sirenen +
nur das Lied der Erinnyen * hallt*

O GÄA! +
THANATOS DU!

Verwelkte Kolonnen
und hölzern das Heer
Marsch von Kreuzen
weit in den Horizont.

Hier liegen
die niemand mehr kennt
die Helme voll Sand
den der Wind davon treibt.

* griech. Insel, Heimat des ODYSSEUS
+griech. Fabelwesen, die durch ihren Gesang
Odysseus u. seine Gefährten verführen sollten
* griech. Rachegöttinnen
+griech. Mutter Erde, Gebärerin allen Lebens

IV

Am Feuer der Steppen

Am Feuer der Steppen saßest du
saßest und weintest
und längs der Avenuen
im lichtzerstückten Antennenheer
saßest und weintest
wo Ilions * Türme sanken
ins mäandergepeitschte Meer
Raunen der Muscheln

DANAE +!

Dein Fuß tritt auf Trompeten
die ihre Stimmen verschrien
im Klirren der Erzgeschienten
blutende Scharen Klippen
stürzen Poseidon* ins Haar.

Wo sind die sanften Arme der Dryade+?
Der dunkle Ruf des Faunes* der
die stummen Pinien aufriss und das
Aug des Luchses klaffte mit
flammenden Leibern die Nymphen flohn.

DU GALATHEA! +

Im schuppigen Ritt
im Fiakersitz
im Mercedes Benz 110

---

* griech. Name für TROJA - + Zeus liebt die schöne D. u. macht sich
in Gestalt eines Goldregens an sie heran - *griech. Meergott -+Baum
nymphe - * Naturgottheit mit Bocksfuß - + schöne Meerjungfrau

*Per aspera ad astra**

Im Wimpernschlag der Otero+
Zerfall des Äons
Helena fürstlich umbuhlt
mit lockeren Boucher*-Gebärden -
Mille Francs Mademoiselle?

Am Feuer der Städte
und längs der Kolonnen
saßest und weintest du

Wildkatzen trunken vom Tollkirschensaft
ziehn durch die Nacht
die lärmende Nacht
blutäugig empfängt mich der Morgen.

Babylon zerfiel und Manhattan
Friscos Brücken sind längst gestürzt
Kairos Märkte verklungen
verfernte Gesichter treiben am Horizont.

Und stetig Geraun
aus den Wirbeln der Muschel

DANAE!

Alles was war und sein wird ist
jetzt immer jetzt!

Wasser und Stein und eine Handvoll
Staub zwischen Blüte und Fall

* Latein: Durch Raues zu den Sternen
+ Bekannte Schöne der BELLE EPOQUE
* franzöz. Maler des Rokoko

Wasser und Stein und Schritte
und eine Handvoll Staub
zwischen Fall und Erhebung
Wasser und Stein und
Feuer das fiel aus dem All
fiel und verschlang den Triumphschrei -

PHAETON *

Längs der Boulevards
und längs der Chausseen
liegen die Räder im Schlamm.

*Ton souvenir en moi luit
comme un grande ostensoir +*

Der Himmel ist traurig und schön
über dem blanken Altar deines Leibes
mit Blicken geschmückt
im Scheine der Helme
im Zwielicht der Mauern.

Horch wie sie schreien nach dir!
Dein Fuß tritt auf Musik
von quirrlender Seide umtanzt
Musik den Ohren des Wahns
horch wie sie schrein!

Am Feuer der Steppen saßest du......

* Sohn des Sonnengottes HELIOS, der mit dem Feuergespann des
  Vaters abstürzte.
+Französ. „Dein Andenken leuchtet in mir wie eine große Monstranz"

V

Dionysos *

Gewölk und Blüten ums Haupt
und den Ansturm des Lichts -
tritt her von der Höhe du
es naht dein Gebieter!

Er kommt unter Harfen und Pauken
schlank ist sein Wuchs wie der Palmbaum
seine Lenden zwei Spangen
geschmiedet von der Hand des Meisters
seine Schultern bronzene Becher
aus denen die Sehnsucht dir quillt
sein Antlitz der junge Tag
der sich im Brunnen bespiegelt
und Rabengefieder sein Haar
glänzend und schwarz.

Tritt her!
Dein Leib
singt ihm entgegen
deine Blicke
flattern um ihn
girrende Tauben
und seine Augen
verfangen sich ihn ihren Flügeln.

Tritt her von der Höhe du!
Mit Blumen bekränzt
und flatterndem Haar
an den gischtenden Saum des Meers.

* Sohn des Zeus, Gott des Weines, lat. Bacchus

153

An Korallentürme gehängt
der Tritonen* Geschwader
Flamingos im Scharlachreigen
aufgescheucht und gewirbelt
ins trunkne Azur
im minoischen Tanzschritt

THÁLATTA! THÁLATTA! +

Kythera* flutenumstürzt
im Lockenwirbel der Nymphe
komm mit den schwarzen Augen
lösche mein Weiß!

Unsre Seelen zerflattern im Wind
und lass uns die Wogen trinken
trinken versinken ist alles -
Unsere Lippen glühen
am Rande der Kelche
und lass uns Vergessen trinken!

Brich mir ein Stück vom Himmel
und frag nicht warum!
Nimm diesen Duft
unter dem Feigenblatt
die warmen Adern der Frucht.

Nimm diesen Ton
von der summenden Küste
und lausch!
Wir sind zwei Saiten im Wind.

* Meerwesen halb Mensch, halb Fisch im Gefolge
    Poseidons - + griech. „Meer"
* Ägäische (Liebes) Insel südl. des Peloppones

Hörst du die Flöten rasen?
Dionysosrot die Mänaden*
durchschwärmen die Wälder
efeubekränzt in orgiastischem Taumel
gefolgt von Satyrn+ und Nymphen
Rehkälbchen gierig zerfleischend

NOCTURNIS EGO SOMNIIS *

Fleisch fleischt in Fleisch
das seidige Pantherfell um die Lenden
den tödlichen Pfeil aus dem Köcher
und Blutdurst im Blick.

Silenen+-Trott mit geblähten Bäuchen
rebengemästet und stinkend
das silberne Lachen der Nymphen
und dunkler Faunesruf aus dem Dickicht.

Lichtes mit Dunklem gepaart
und die Bäume behangen mit Flöten
horch wie sie rasen
im bacchantischen Taumel!

Dunkles mit Lichtem gepaart
und der einzige Gedanke Gefühl -
komm mit den schwarzen Augen du!
Trinken versinken ist alles.

* Ekstatische Weiber im Gefolge des Dionysos
+ausgelassene, lüsterne Begleiter des Dionyos
  mit Pferdeohren,-schwanz u. Hufen
* Lat. Ich in nächtl. Träumen
+ den Satryrn ähnliche Naturwesen

VI

Ecce-Homo*

Tun wir als seien wir arglos
zufrieden und ohne Schuld
fächeln wir unsre gewaschenen Hände
trocken im Wind
als käme aus den Lüften uns Gnade –
doch der Henker hisst schon das Beil
das Jahrhundert zu köpfen
aus dem sich ein Neues hervorpresst
gekittet aus Mauern und Klage.

Damals stiegen sie aus den Kellern ans Licht
stumm und geblendet
und sahen erschrocken auf zu den
Wolken als trügen deren Züge
die Namen all der Verschollnen
Verfolgten Gemordeten
und der blanke Himmel war fremd
ohne Bomber und Donner und der
Mond nicht mehr zerfetzte Scheibe.

Alles fremd alles anders
trostloses Anders
und man sagte ihnen
wer sie wären
und man sagte ihnen
es habe sich erfüllt
als ob Fall Erfüllung sei und Sturz
Leben und man sagte ihnen
was sie sich nie zu sagen getrauten

*Lat.: „Sieh, welch ein Mensch!" Gemeint: Christus mit der
   Dornenkrone

Die es gesagt hatten waren verstummt
oder in die Fremde verbannt
seit dem heroischen Aufbellen der Trommeln
seit jenem orgiastischen Mord-Ja
als die feile völkische Braut
ihrer gierige Angel auswarf
und das Netz voller Messer
und sie auszogen mit türmenden Fahnen
den ehernen Gesängen der Herrn
deren Blicke den Erdraum durchmaßen
trunkene Geier im Glanz verheißner Geschmeide.

Tappender Gang bringt sie zurück
an die Koppel gelegt und die Trense im Maul
Tränen und Phosphor im Nacken
und die Göttin die hehre
mit Trümmern gekettet
Asche und Brand in den Haaren
und ihre Augen Zigarettenstummel
unter dem stetigen Kauen der GIs.*

Vor seinem Bunker lag er verkohlt
und kein Grabstein erinnert an ihn
sein Aufstieg war sieghaft
Millionen verführend im Wahne
sein Ende war schmählich
und schmählich der Untergang
seines *„Tausendjährigen"Reiches.*

RADAMANTHYS+
im gekreuzten Gehölz der Prothesen.

* Abk. für: „Government Issue = einfacher Soldat der
  US Streitkräfte
+ Griech. Mythologie: Totenrichter in der Unterwelt,
  hier: ironische Chiffre für HITLER

Meine Mutter ging in Rauch auf
mein Vater ging in Rauch auf
und nicht hab ich Brüder und Schwestern
und meine Freunde sind verschollen
oder tot und ihre Namen
vermerkt auf Gedenktafeln -

Ich bin wohl jung
erst zwei Jahrtausend jung
doch schon fällt
Sternenschutt mir aufs Haupt.

VII

Dies Geschlecht

Stromab den Abend hinunter
hinab die vermodete Schöpfung
mit Sonne gesalbt im
unterbelichteten Blick
die Schatten weggleitender Landschaft
und ein träger Geruch von Grillhuhn.

DIES GESCHLECHT FÄHRT SCHNELL

Die steile Brunft von Manhattan
klaffende Adern tief in den Horizont
Miami - Copacabana
im Glanz der Promenaden von Cannes
lass mich in deine unsterblichen
Augen sehen Marleen
lass die behäbigen Gaukler
trachten nach Talmi
Surfer und Nixen sich paaren im Meer
die Segel zerflattern sinnleer
in türkisener Weite.
    Dies Geschlecht fährt schnell
    schnell fährt es vorbei.

Und Tierchen dösen im Schoß
kosmetischer Damen
die sahnigen Kämme der Wellen
netzen die gelackten Zehen
den blutigen Schritt
besiegter Kolonnen -
stumm lagern die Frauen

die breitbrüstige Männer
besingen beschlafen beweinen
wie schlaff sind die gezüchteten
Muskeln wie morsch die
bläulichen Schenkel die
Kinnladen mahlen nicht mehr
im geschminkten Totengesicht.

DIES GESCHLECHT KÄMPFT SCHNELL

Der flackernde Blick der Amazonen
versengt mir die Stirn
der Sprung ihrer Lippen ist bluthart
im Blitz der Geschosse
Pearl Harbor
das feuerschlagende Haupt
sinkt erblindet zurück
mit qualmender Fackel
schleppt sich der Tag durch
apathische Städte
ein Verlies für Soldaten und Raben
wo der Handel mit Särgen floriert.
    Dies Geschlecht kämpft schnell
    schnell geht es zugrunde.

Wirf deine Furcht
ein Bündel Steine
in dies namenlose Labyrinth
wo die Gesichter verdämmern
in den Schächten der U-Bahn
hänge dich nicht an die
blinkenden Zeichen auf Wänden
die bedruckten Augen und Münder

DIES GESCHLECHT LEBT SCHNELL

Mit den Kränzen des Vortags
um das blutverkrustete Haupt
und den fettigen Lippen
von denen der Sekt träuft
hei! lass die Aorta* klingen im
phallischen Rausch
deine verratenen Augen Marleen
und die Eskorte in Leopardenpelzen
kommerziell und nach Uhrzeit
das oxydblonde Haar verdeckt nicht die
rechnende Stirn nicht die
plakatigen Züge
auf denen das Lächeln gefriert
die gestelzten Schritte verklingen
wesenlos auf Asphalt.
   Dies Geschlecht lebt schnell
    schnell lebt es vorbei.

* Hauptschlagader

VIII

Avenuen

Der Himmel hängt stillos
zwischen den Avenuen und
Wolkenhunde trotten darüber
mit rauchigem Fell
vorbei an den Lässigkeiten
tristesser Stenotypistinnenbeine
die sich langweilen unter den Tischen.

Wie die Zeit dahin schleicht!
Alle Uhren dösen an den
monogechromten Wänden
und hin und wieder
ein Biss Schokolade – c' est la vie!
man tippt sich – lala - durch das Leben.

Und Neonsonne im kupfernen Haar
den Mond in Zellophan
(Souvenir einer Raumfahrt)
verspeist man zum Aperitiv nebst
Ameisenpüree à la Sade*.

An den Spiegeln betteln die Götter
in flacher Klassizität
Begegnung täglicher Fremder
im täglichen Sterben
verhangener Worte und Gesten.

* Marquis de Sade , frz.Schriftsteller 1740-1814, berüchtigt wegen
seiner Darstellungen sexueller Ausschweifungen u. Grausamkeiten.

Reiß dem Himmel ein Blatt aus
verlöte das Meer oder
grabe der Erde ein Grab –
dein Lächeln erstarrt
im Geklirr der Karossen
inmitten röhrender Herden .
deine Blicke zerschellen am
kahlen Dickicht der Motoren.

ICH FAHR DAHIN MEIN STRASSEN

Ein apathischer Wind
blättert in den Städten
den Labyrinthen, die stetig bröckeln
wo der Tag gerinnt an den Essen
in lärmender Ohnmacht –
langsam schwelt Staub herauf
langsam und lautlos.

In einem Hof zwischen bauschenden
Petticoats* singt ein Mädchen
den Gassenhauer der Liebe
und auf den Brunnenrändern von
Roma eterna+
warten gereiht die
Sirenen mit sphinxenem Lächeln
im Souterrain* ihrer Körper
bleiben die Herzen kalt eiskalt.

* versteifter, weiter Halbunterrock in den 50ger Jahren
+ lat = ewig
* franz. = Untergeschoss, Kellergeschoss

ICH FAHR DAHIN MEIN STRASSEN
IN FREMDE LAND DAHIN *

Der Alte von Arezzo+
sichtet blicklos am Himmel
die heulenden Flugzeugscharen
und hinter den Kirchenmauern
beugt sich mit stummer Gebärde
die Königin von Saba* -
es dunkelt
lautlos sinken die Azaleen+
lautlos und grau.

* Liedzeile des volkstüml. Liedes *Innsbruck ich muss dich lassen*
+ Stadt in der Toskana
*Anspielung auf das Fresco *Die Königin von Saba vor Salomo*
  von Piero della Francesca in San Francesco, Arezzo
+ Ziersträucher mit großen roten oder weißen Blüten

IX

Mit Orgelklang und Confetti

Lasst uns weiter mit Orgelklang und Confetti
feiern den phallischen* Sieg zwischen
Posaunen und Panzern
Kindern und Kanonen.

Lasst uns weiter ziehen aus unsern toten Tagen
die hurtigen Scheine des Mammon
Händler auf brüchigem Sprungbrett
das jählings klappt in die Tiefe.

Lasst uns weiter schleppen Gerafftes
auf Tennen und Scheuern
zwischen den Speichen drängen wir hin – weh!
das Rad im Sausen zermalmt uns.

Lasst uns weiter wallfahren zum Zelluloid
zum Flimmeraltar der Idole
im bezahlten Ornat der Gefühle
die man auf Sperrsitzen anlegt.

Lasst uns stöhnen angesichts der tief tiefen
Leidenschaften und des großen Glücks
Techtelmechtel und Notzüchtereien
kommerziell und nach Uhrzeit.

Lasst uns applaudieren angesichts der
hühnerhirnigen Aphroditen
Zuchtblumen die ihre Kelche öffnen
duftlos und getüncht mit Make-up.

* Adjektiv zu griech.-lat. phallus = männliches Glied

Horch wie ihre Stimmen miauen
am abominablen * abdominalen +Anger!
Ihr stygisches* Liebesgeflüster
rührt nur die Brüste der Fleischer.

Und immer von neuem die Kavalkaden+
der reizenden reisenden Damen
die an den Stränden walken+
begleitet von Pudeln und Gefühlsanämie.

How nice it's here, dear!
I' m dying for a drink!+
Und Luxushotels öffnen ihre Pforten -
doch das Erdreich besitzen nur Bettler.

* Verdeutschung des engl. abominable = abscheulich
+ Adj. zu med.Abdomen = Unterleib
* Adj. zu griech. mytholog. Styx =Fluss der Unterwelt
+ Lat.-it.-frz. Reitergruppe
* „Denglisch" von engl. walk = spazierengehen
+ Engl. „Ich schmachte nach einem Drink."

X

Bajazzo*

Durch alle Täler über Pässe und Berge
über Grate und Klippen bin ich gestiegen
durch den Dunst der Städte
den Jahrmarkt der Völker
vorbei an Gräbern und Rummelplätzen
ohne Suche und Fragen
in lichter Namenlosigkeit
allein und doch stets
das Gedröhn an den Schläfen
das Getümmel das Lärmen um
hohle Genüsse.

Sah mein Gesicht in den Zisternen
wankende Scheibe die sich langsam verzerrt
sah meine Jahre den verschwommenen Fleck
der sich hinter mir auflöst
ich Sohn des Apollo+
im Aufflug und Sturz schon
geblendet und trunken
im gleißenden Weltlabyrinth
Traumsucher in den Schluchten der Städte
zwischen Fratzen und Neonglanz
Jazz und Melancholie.

Ergeben verfallen und gaukelnd
Bajazzo auf Avenuen und Boulevards
Bajazzo im Tanzkleid
mit den flackernden Farben des Untergangs.

* ital.: Possenreißer, Hanswurst
+ gemeint ist PHAETON, der Sohn des Sonnengottes Apollo

KONVENTIONELLE

GEDICHTSAMMLUNG

1960 - 1962

Relation

Es flog mein Geist zu den Sternen der Nacht,
hinauf zu den blinkenden Sternen –
er flog in des Alles einsame Pracht,
hinein in die ewigen Fernen.

Und verhielt in unendlichem Schweigen,
um sich der Gestirne Reigen.

Und in ferner Unermesslichkeit
sah er die Erde so klein,
geschrumpft zu Wesenlosigkeit,
nur ein winziger, matter Schein.

Klammer dich nicht

Klammer dich nicht an fabelnde Spiegel,
die Zeit hängt dir am Kinn,
und unter den Augen der Jahre Siegel
rinnt Traum in Gelächter dahin.

Es rieseln dir leis vom Gesicht die Tage,
matter, zerfallender Ton,
in Wäldern aus Stein zerschellt ihre Klage,
im gläsernen Sang des Äon.

Hör nicht auf den Ruf der Motorenalleen,
die Antwort liegt nicht auf den Straßen,
der sanfte Säusel-Kantilen*,
den Zypressen am Himmel vergaßen,

Ist längst von dem Brodeln der Städte bedeckt,
im Reklamegeflimmer versunken,
von Roboter stählernem Fraß beleckt,
im metallenen Raunen ertrunken.

* lat.it. *Kantilene* = getragene Melodie, feierliches Lied

Wirf die Vergangenheit hinter dich

Wirf die Vergangenheit hinter dich,
deine Schuld ist abgemagert,
dort wo die Krähe lagert,
die letzte Asche verstrich.

Wirf die Bitternis deiner Seele
als Gussbild ans Firmament,
das jäh im Azur entbrennt
und stürzt in dunkle Kanäle.

Wirf die Spule des War und Sein
irgendwo in das Meer,
und lauerndes Furienheer *
mag sich gütlich tun am Gebein.

Spring auf den flammenden Sonnenaar +,
dass er dich trage zum Land,
wo die Zeit blieb verbannt
und Nacht das Licht gebar.

* lat.myth. furiae, Furien = unterirdische Rachegöttinnen, die jeden
Frevel, u.a.Mord, Meineid, Verletzung der Gastfreundschaft bestrafen.
+ Aar = poetische Form für Adler

Oh, manchmal fluch ich dir

Oh, manchmal fluch ich dir,
du Geist, Gehirn und Denken!
Wie oft zerstörst du mir,
was lichter Wahn will schenken.

Wie oft raubst du die Nacht,
des Schlafes Abkehr vom Leben,
wie oft hast du, erwacht,
zerrissen mein Traumesweben!

Du baust mir eine Welt,
die darauf du zerstörst,
und Glück, mir kurz erwählt,
in dumpfes Leid verkehrst.

Du quälst mich jetzt mit Sorgen,
verzückst mit Phantasie,
ernüchterst logisch morgen,
doch Frieden schenkst du nie.

Die Angst- und Freudegedanken
sind deine liebsten Kinder,
die stets den Sinn durchwanken,
sie, meiner Seele Schinder!

Und doch, was wäre mein Ich,
wenn ich dich nicht besäße:
Ein sinnentblößtes Sinnlich,
ein Nichts in hohlem Gefäße.

Hänge deine Phantasie

Hänge deine Phantasie
an den Ast der Schizophrenie,
denn vielleicht – wer weiß schon wie,
bricht er und nicht mehr
deinen Ganglien* ragen
Hirngespinstesplagen.

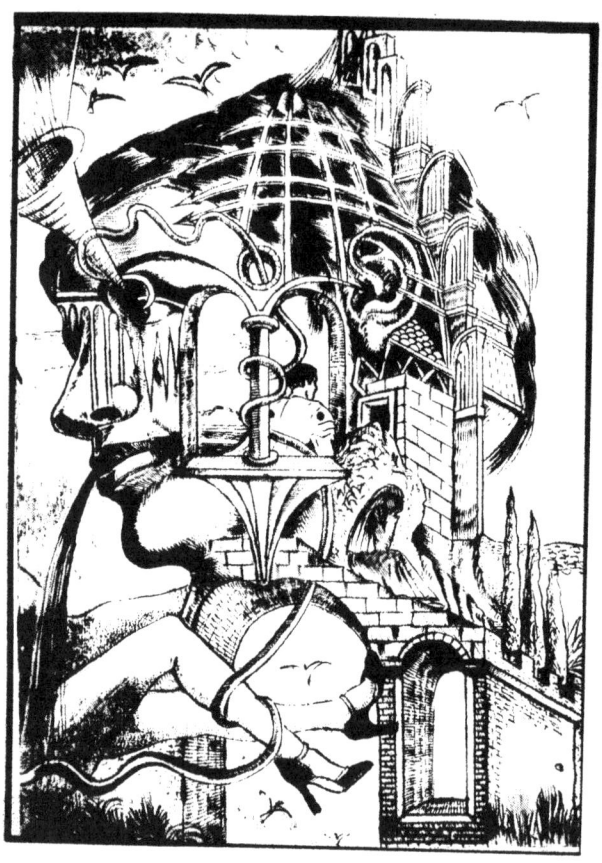

* Nervenknoten im Gehirn

Nur einmal

Nur einmal möcht ich dieses Sein
und alles, was ich war und bin,
streifen von mir wie eine Haut,
und sozusagen neu erbaut,
verreisen, weit weg, irgendwohin,
wo niemand mich kennt und ich bin allein.

Nur einmal möcht ich dieses Leben
mit seinen dummen Alltagsplagen
und all dem stur banalen Trott
werfen davon zum alten Schrott
und statt nach leerem Glanz zu jagen,
leicht in die Ferne fort mich heben.

Nur einmal möcht ich atmen frei,
ohne Pflichten, Arbeit und Geld,
ohne biederes Bürgergetriebe
und kühl berechnende Nächstenliebe,
fern von dem nichtigen Treiben der Welt,
fern von politischem Friedensgeschrei.

Sehnsucht

Wolken im Winde zerflammt,
zerrissen in silberne Wehen,
gleißende Ränder im Samt
lichtdurchfluteter Höhen.

Wirr durchwühln sie den Äther,
wogen hinauf zu den Sternen,
durchjagen in stürmendem Wetter
dunstumschleierte Fernen.

Mit euch möcht ich ziehen dahin,
auf Lüfte durchrauschenden Schwingen,
durchschweben mit jauchzendem Sinn
das Reich, wo Äonen* ringen.

Vorbei an schaurigen Schlünden
zerklüfteter Wolkenkaskaden,
vorbei an dämmrigen Gründen
und regenzerzausten Schwaden.

Hinauf auf den schimmernden Türmen
der lichten Himmelsgestalten,
ins kristallene Blau möcht ich stürmen,
wo sich andere Welten entfalten.

Und ruhen in dieser Sphäre
erhabner Unendlichkeit,
entbunden der irdischen Schwere
im Antlitz der Ewigkeit.

* Griech.: Ewigkeiten

Kultischer Tanz
- Le Sacre du Printemps - *

Bebender Kranz
auf wehenden Haaren,
Leiber im Tanz
glückseliger Scharen,
schimmert im Glanz
die Haut der Barbaren.

Trinken die Augen
den Frühlingsschein,
trinken den Zauber
in sich hinein.

Saugen sich voll mit
schwellenden Kräften,
flammen die Lippen in
leuchtenden Säften.

Glüht das Gesicht
im einst verlorenen,
mit trunken Gewicht
im neu erkorenen,
himmlischen Licht,
dem endlich wiedergeborenen.

*Anspielung auf STRAWINSKYs berühmtes Ballett
Das Frühlingsopfer

Verlorene Heimat
- Ritornell * -

Verfallene Mauern -
Durch deren Höhlen nun die Winde raunen,
in euren Räumen fühlt' ich selig Schauern.

Verlassene Felder –
Auf denen leuchtend voll die Ähren wogten,
ihr liegt nun brach inmitten düstrer Wälder.

Verschwiegene Tannen –
In euren Zweigen träumt ich manche Stunden,
die sorgenlos im Schatten mir verrannen.

Vergangene Klänge –
Im Grund der alten Zeit seid ihr verklungen,
und nie mehr tönen eure Frohgesänge.

Versunkenes Glück –
Im Dunkel der Vergangenheit entschwunden.
Du kehrst nun niemals mehr zu mir zurück.

* ital. ritornello = Wiederkehr – 3-zeilige Strophe mit verschiedenem
Metrum, deren 1. und 3. Vers reimen, während der 2. reimlos bleibt.

Terzinen* über die Vergänglichkeit

Der Tag versinkt – des Menschen Leben eilt
Und gleitet hin auf lautlos raschen Schwingen,
Und kaum ward dir bewusst, dass du verweilt.

Noch hörst du Lachen dir im Ohre klingen,
Das aus den heiteren Jugendtagen schallt,
und hörst dich unbeschwerte Lieder singen.

Noch siehst du dich ergehn im Frühlingswald
Mit ihr – auf euren Haaren spielt das Licht –
Und rings die Schöpfung eurem Glücke hallt.

Doch plötzlich steht vor dir ein neu Gesicht
Und starrt dich an mit kalten, bleichen Wangen
Und Augen, deren Ernst vom Leide spricht.

Denn die dich einst geliebt, sind nun vergangen.
Mit ihnen sank dein Lebensglück dahin.
Auch du wirst nicht mehr lang am Dasein hangen,

Und dann befreit der Tod vom Erdensinn.

* von lat. tertius=der 3., ital. Strophenform in 5-hebigen Jamben,
von denen die Zeilen 1 u.3, 2 u. 4 usf. alternierend reimen u. so die
Strophen miteinander verketten u. periodisch fortführen.

Lied des Herbstes

Die Winde brausen mir im Haar –
von fernher dunkle Stimmen –
auf meinen Schultern schreit der Aar*,
und goldene Blätter schwimmen

Um meinen saftgefüllten Leib,
aus dem die Früchte quellen,
des Lebens süßer Zeitvertreib,
die letzten Kräfte schwellen.

An meiner Glieder Feuersaft
die gieren Stürme saugen,
an meiner Adern blutig Schaft
die Elemente laugen.

Und meiner Krone Flammenmeer,
in dem die Purpur lohen,
zerfetzt des Regens Furienheer,
dass Licht und Lachen flohen.

Erstorben klag ich meiner Pracht,
Den Harmonien verklungen,
dem Leben, das die Todesnacht
des Winters hat verschlungen..

* poetische Form für „Adler"

Winter

Wintererstarrtes Land,
ins Schweigen der Weiße gebannt –
hoch ins stille Azur
blinkt der Zinnen Kristall,
türmt sich der Grate Wall,
gleißende Silberspur.

Verzauberter Mumienwald –
Wasser, die längst verhallt,
murmeln dumpf im Grund
des schneeverlorenen Tals,
der Fichten lockige Schals
verhüllen ihren Mund.

Erstorben liegt der See –
verstummt der Unke Weh.
Aus schwarzer Tiefe flammt,
verschlungen, feucht belaubt,
ein fahl Gorgonen*- Haupt
auf gläsernem, grünem Samt.

Die Trauerweide knarrt –
die Hungerkrähe scharrt,
der Frost im Eisgewand
das Firmament behaucht,
der bleiche Nebel raucht,
und Nacht tritt in das Land.

---

* griech. mythol.: Gorgo= schlangenköpfiges, weibl. Wesen,
deren Blick versteinert, auch als „Medusa" bekannt.

Perit *

Augen steinerner Pharaonen,
um ihre Füße streicht der Schakal,
und Trommelrhythmen um Baal
verklangen in Elektronen –
der Mythos fault im Kral. +

Das Schlachtlied der Semnonen *
verspie der letzte Aar,
und goldenes Feenhaar
kredenzt sich auf Kanonen
in bleichem Knochen-Kar.+

Die Locken der Cherubinen *
in weihevollem Rauch,
Gebete frommer Hauch,
sind eingesargt in Vitrinen,
garniert von stinkendem Lauch.

Der Dirnen geile Mienen,
der Leiber Sinnenraub,
verstumpftes Geisteslaub –
und Menschenzug auf Schienen
erstickt der eigene Staub.

* lat. „es geht zugrunde"
+ hottentott eingezäunte Viehweide in Afrika
* germanischer Stamm östl. der Elbe
+ Gebirgsschlucht
* Engel, Wächter im Paradies

Abbruch

Abgebrochen sind die Zelte,
die Pflöcke ins Leere gespießt,
der Mauersegler – Kälte
des Alls ihm entgegen schießt.

Sturz in den Anruf aus Licht,
das Segel zerfetzt an der Klippe,
schlingende Meeresschicht,
tanzende Geier – Gerippe.

Scheiterhaufen
schwärzen Heiligenmund,
Klageweiber verkaufen
Reliquienschund.

Harfe zerschellt
an Kassandras * Geschrei,
verkohlter Lorbeer
flattert vorbei.

Legendenkleid
schimmelt am Hirtenstab,
Fall der Banner hinab
den Abgrund der Zeit.

* Tochter des Königs Priamos von Troja, der Apollo Sehergabe
verlieh, doch deren Prophezeiungen niemand Glauben schenkte.

Unsere Schritte

Unsere Schritte
woher und wohin –
nächtliche Traumschar
die auszog nach klingenden Rufen
in Schein und Vergessen.

Woher und wohin –

Sie reiten auf Schellen
und wiehernden Hufen
sie reiten und tanzen auf
Traumgewölk
und stolpern in Sand
der macht ihr Gewieher zu Lispeln.

Woher und wohin –

Sie reißen die Halfter
am Kinn entzwei
sie reißen und brechen vom
Traumgezweig
und stürzen in Schutt
der macht ihre Hände zu Mulm.

Unsere Schritte
woher und wohin –
nächtlicher Traumschar
die auszog nach klingenden Rufen

Die auszog und sank
in Berauschung und Dunkel auf
Schattengezweig und
Schattengewölk.

An keiner Stätte

An keiner Stätte bin ich
zu Haus an keiner
Straße mit Bäumen
keine Tür ist mein eigen
kein Mensch der mir auftut.

Ich gehöre dem Wind
der die Blätter treibt.

Hinfahren sie auf den Alleen
taumeln über den Asphalt
im Tanzkleid das der
Frost dämpft
im Tanzkleid –

Das Dunkel der Gräben umfängt sie.

Zum Neuen Jahr

Im Schoße der Vergangenheit
liegt nun das alte Jahr verborgen,
drum komm, vergiss das alte Leid,
begrüße froh den neuen Morgen!

Vergangnes soll vergangen sein,
lass fahren es dahin,
und was dir noch bereitet Pein,
verbanne aus dem Sinn!

Mit Zuversicht tritt in dies Jahr
und hoffnungsfrohen Schritten,
dein Ziel vor Augen groß und klar –
Erfolg will sein erstritten.

Denn in dir selbst ruht dein Geschick,
du selber musst es steuern,
von dir hängt ab dein Lebensglück,
du selbst kannst es erneuern.

Geh unbeirrbar deinen Weg
und lass den Mut nicht sinken,
wenn durch des Fehlschlags dumpfen Schreck
den Unglückskelch musst trinken.

An das Buch

Komm her, geliebter Gegenstand,
und führ mich in dein Wunderland!
Lass mich die Ferne durcheilen
und an exotischen Stätten verweilen.

Lass mich auf geistigen Schwingen
mit Abenteuern ringen,
mich durch Erlebnisse waten
und stürzen in stolze Taten.

Lass mich in deiner Welt
die meinige vergessen,
damit ich unterdessen
verdränge, was sonst mich quält.

Denn einmal hat alles ein Ende

Wehmut umkrampft mir das Herz,
verdüstert meine Sinne –
oh dass im Leben der Schmerz
nie schweigt mit seiner Stimme!

Kann ich an nichts mich halten,
hat gar nichts mehr Bestand,
ist denn des Schicksals Walten
so blind und ohne Verstand?

Denn einmal hat alles ein Ende –
man reicht sich zum Abschied die Hand,
es war – und ist nun Legende,
und die Zeit zerschneidet das Band.

Vorbei die schönen Stunden,
vorbei die sorglose Zeit,
vorbei, da wir verbunden
in seliger Zweisamkeit.

Ein Stück des Glückes geht dahin,
bricht ab von deinem Leben,
ein Stückchen deines Ichs darin
hast du mit fortgegeben.

Die Haie des Himmels

Sie dröhnen über den Himmel,
die metallenen Flossen gleißen,
zerschneiden das Wolkengewimmel,
fetzen und reißen
Wunden ins lichte Azur,
speien aus stählernen Rachen
weiße, schwelende Spur,
dampfende Schweife von Drachen,
die sich winden im Licht,
spaltend des Raumes Gesicht.

So jagen sie hin mit blitzenden Rücken,
die Haie des Himmels, zerhallen
die Höhen, zücken
gierig den Bug und fallen
ein in die träumenden Zonen
der Sphären in drohenden Schwärmen,
durchjaulen die stillen Regionen,
grimmige Boten der Schlacht,
zerstörend die friedliche Nacht.

Getrunken von der Zeit

Getrunken von der Zeit,
wenn ferne Sonnen rufen,
das Irgendwo im Echo schreit,
verwehte Marmorstufen.

Kann man sein, wenn man sein kann?
Vulkanherz in Basalt,
und Träne, die zu Harz gerann,
vergessene Sagengestalt.

Ein Fenster, aufgestoßen
über dem Abgrund aus Nacht,
gehängt an Türme mit bloßen
Silben aus Schweigen gemacht.

Wohin Gewitter branden
und dunkles Segel schwillt,
wohin die Schritte versanden
und Schatten aus ihnen quillt.

Ein Wort aus einer Ballade,
geschlitzt in Fahnentuch,
ein Arm, geschraubt an Fassade,
verblutender Daseinsgeruch.

GEOGRAFISCHE GEDICHTE

1963-1975

Edinburgh

Granitne Fassaden ein
Gewimmel von Türmchen und
Schloten im Gewirr
Georgianischer Schnörkel.

THE FAIREST

In schummrig-blumigen Räumen
Elektrogeflacker im Kamin,
vor dem sich die Ladies
versammeln zum Tee.

THE FAIREST CITY

Aus mondverstaubtem Gefieder
das gläserne Auge eines Vogels,
und Ahnen auf den Tapeten in
vornehmer Fadheit.

THE FAIREST CITY IN

How lovely they look how
lovely! Have a sweet, dear, a
cygnet surprise, would you mind
to push down the window?

THE FAIREST CITY IN EUROPE

Nebelgedampf und eine Brise
Seaside um Arthurs felsigen Sitz,
don`t touch it, you bastard!
Gähnen gelangweilter Hippies.

Inverness

Der Tag ist fremd und weiß-
gewimpert im nördlichen Licht
auf Kuttern, die schweben und schweigen.

Die Schritte Fremder
hallen durch kalkige Gassen,
ein Fischer geht anders.

Vorüberhuschender Blick
am dornigen Gerank
steinerner Gärten.

Du bist fremd hier,
unter wächsernem Himmel,
keine Möwe ruft dir entgegen.

Deine starrigen Hände
haschen vergebens
nach dem fliehenden Tag.

Highlands

Ich möchte mein Pferd,
hätte ich eins,
in Heimweh ertränken
unter dem düsteren Himmel
der Blueberry Hills.

Ich nöchte mein Haus,
hätte ich eins,
wechseln mit den Blicken
unter den braunen Toren
der farnigen Stadt.

Ich möchte mein Kind,
hätte ich eins,
als Koralle erziehn
unter dem brünetten Lachen
der Möwen im Sturm.

Ich möchte mein Herz,
hätte ich zwei,
schlagen in den Wind
über die grünen Lider
gesunkener Schiffe.

Tarent

Räder Schiffe Räder

Das Sonnensymbol auf
fliegendem Segel
Matrosen Bänder die
Rufe Meersfrüchte
frutti di mare!
meervermählt Galathea. *

Wach ich auf in
tangdumpfen Zimmern
Muscheln im Haar
Krabben und Seestern
jahrtausende tief
in den Gassen.

Sonnensturz Schatten
Sonnenglut Glück und
Taumel im
weindunklen Blick.

Räder Schiffe Räder.

* griech.Mythos: schöne Nereide (Meerjungfrau), in die sich der
Kyklop Polyphem verliebt u. enttäuscht wird.

New York

Straßenschauspiel durch
getöntes Glas
Glasspiel
Treibgut und Taxis im
Schattenspiel das
starre Lächeln Verwehter.

Weithin grell auf Gesimsen
die Dame ohne Unterleib
der Herr ohne Kopf
eleganter Erzeuger
Atomgerüsteter.

Sonnreiter Sonn
reiter traben über dem Abgrund
im Arm der Reklame
Cowboys mit rauchigen Lippen
im Zeitalter derer die immer jung bleiben
im Zeitalter derer die nicht sterben wollen.

Spann an
Auge und Abdominales
das Grinsen hinter
künstlichen Zähnen
der markige Händedruck
geschäftiger Makler.

Animato*
animato ad libitum+
ein eiliger Schritt
im doppelten Widerhall.

* ital. lebhaft – lat. nach Belieben

Animato
ein Paar Handschuhe
auf dem Klavier
Hände starr
Hände weiß auf
prismatischem Einsgesicht
Seins-Nichtseinsgesicht
inmitten der Spiegel.

Ritirando*
ritirando ad limitum+
schreibt auf weißes Hotelpapier
schreibt auf einsames Hotelpapier
schreibt auf gilbes Papier
ritirando auf
Klaggestein
rings an den Wänden.

* ital. sich zurückziehend
+ lat. bis zur Grenze

Rio de Janeiro

Cidade maravilhosa
cheia de encantos mil –
Du wunderbare Stadt
voll von tausend Zaubern –

Sambarhythmen reißen
die Straßenschluchten auf,
die Woge der Tanzenden
im Prunk greller Kostüme
wälzt sich die Avenidas hindurch
an den Strand von Copacabana.

Und weithin hallen die Trommeln
über das Meer der hochragenden
spiegelnden Häuser hinauf zu den
Hütten der Armen rings an den
Hängen, wo Wäsche flattert im Wind
und braune Kinder toben im Dreck.

Ein segnender Christus hoch auf dem
Felsen segnet den lärmenden Wirrwarr,
das Gewusel der Rassen,
die Heere der Armen,
die Paraden nobler Carossen
zwischen Villen und Clubs.

Moro no país tropical,
abençoado por Deus –
Ich wohne in ´nem tropischen Land,
gesegnet von Gott –
Zahlen Sie mir eine Cola, Senhor?
Haben Sie ein Stück Brot für mich?

Der Zuckerhut ist doch irre!
Und die langen Beine der
Kreolinnen beim Tanz auf den Tischen!
Die Weltstadt quillt über vor Erotik,
tausende erotischer Menschen
verkommen wie Müll auf den Straßen.

Gehüllt in Zeitungspapier
nächtigen sie auf Gehsteigen,
lieben sich, wo Kakerlaken huschen.
Ai, que sujo! Ai, que luxo !
Ach, welch ein Schmutz!
Ach, welch ein Luxus!

Cidade maravilhosa,
coracao do meu Brasil –
Du wunderbare Stadt,
Herz meines Brasiliens.

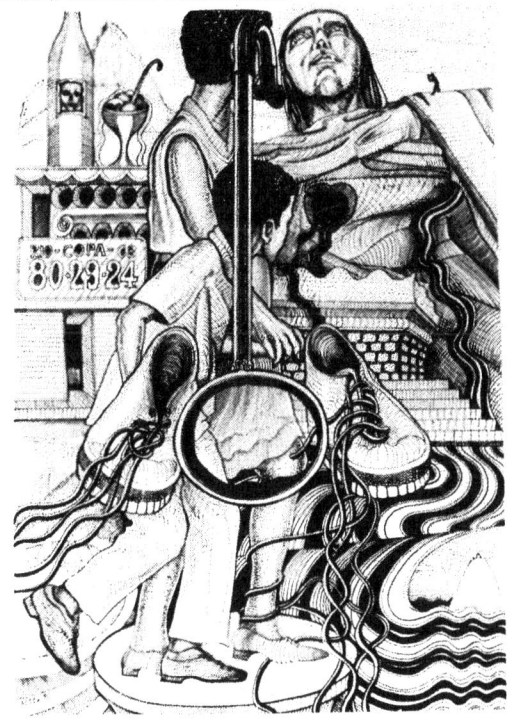

Venedig

Grüße aus Venedig, ihr Lieben!
Sind nur 1 Tag hier geblieben –

Die vielen engen Gassen,
die drängelnden Touristenmassen,
die stinkenden Kanäle -
es wurde fast übel der Nele,
und Timo fiel fast über Bord
einer Gondel an düsterem Ort.
Japaner grinsten ganz schief,
als ich laut:"Vorsicht, Timo!" rief.

Und vor dem Dogenpalast
hat ein Dieb mich angefasst!
Na, dem hab ich eine geknallt,
es hat so richtig gehallt!
Die Leute kuckten recht doof,
und wir flüchteten in einen Hof
mit schönen Brunnenfiguren
und Nackten mit hohen Frisuren.

Dort warfen viele Münzen hinein –
die holte sich später so ein armes Schwein.
Dann gingen wir in den Dom ,
da blitzte es nur so von Gold und Chrom.
Auch den Markusplatz fanden wir toll,
nur war er von Menschen und Tauben sehr voll
welche man ja nicht füttern sollte,
denn die Biester verdrecken die Paläste,
doch für die Kinder waren sie das Beste
an der fantastischen Lagunenstadt,
die so viele Brücken und Kanäle hat,
dass man vor lauter Fotografieren
sich leicht in der Menge kann verlieren.

Zum Schluss gab's noch 'ne Pizza mit Muscheln,
weil der Kellner Udos Italienisch- Nuscheln
verkehrt verstand und uns etwas brachte,
was uns keinesfalls Hunger machte.
Die Pizza roch nach verdorbenem Fisch
und wir ließen sie stehn auf dem Tisch,
tranken darauf einen Cappucino
in einem Café mit dem Namen „Da Gino",
der kostete, stellt euch vor, cinque Euro!
Auch in Italia regiert der Teuro!

Wir waren jedenfalls alle sehr froh,
als es zurück ging vorbei am Po
in unser Hotel in Bibbione –
ja, ja Venedig, das war nicht ohne!

Autostrada *

Blickte mich an mit den Augen einer
Kamera camera da letto+ mit
kiesligem Rücken als
läg sie im Bachbett mit
muschligen Gliedern.

DIE VENUSMUSCHEL PRANGT JETZT FÜR SHELL

Als der Widder seine Hörner schwenkte
fiel nur eine
Olive vom Baum basta das
glitzernde Lachen der Mädchen
verkam im Gezähn der Agaven.

IM DIENSTE DES FRÖHLICHEN MOTORS

Die Landschaft macht tabula rasa*
rasend ist modern ist
Kaviar auf Seide serviert
bekleidet mit leuchtenden Muscheln
Kopfmuscheln Ampeln.

ÖLWECHSEL JA DAS TUT GUT

* ital.: Autobahn
+ital.: Schlafzimmer
* lat. : reiner Tisch

202

Toskana

Hinter dem blitzenden Auge der
Faun dort im Muschelweißen
abgeschlossener Frauen hinter
Bögen rundlächelnd die
Gärten mit barocken Gesichtern.

Anch'io

Im Spielzeugfluss die Träne des Fischs
und das Märchengeflatter Zypressen
ja trage mich fort im Wehen der Schwalben
im Duft der Orangenplantagen
nur das Kreuz schwankt über den Schultern.

Anch'io sono

Auf den Treppen die Alten halbblind und
murmelnd in das Lachblau des Himmels
von Blick gebaut zu Blick gebaut
Bögen rundlächelnd das
Blitzen im dunklen Erblicken.

Anch'io sono pittore *

* ital.: "Auch ich bin ein Maler!" Ausruf Corregios vor einem
Bilde Raffaels.

Ätna

Aus atemlosen Weiten drängt es heran
Bacchanale zerblühender Leiber –
der Wurf der äolischen Inseln
eine Straße voll Wolkenwächten
Getümmel schillernder Häupter
rings um die Krater.

*adesso comincia**

Drei Mönche wandeln um die Zinnen
und der Wind trägt Rauch und Gebete
drei Mönche im Tanz der Sylphiden+
mit flatternden Lenden.

*nobis hic mundus carcer est**

Von den morschen Kämmen
stetig die Schwefel-Fahnen
und im Schlund titanisches Grollen
bricht auf der Krater
und das glühende Antlitz
quillt hoch
aus Urfrühe gemeldet.

Aufdonnert die Weltzeit
speit aus speit
ihr Blut
in die tintige See.

* ital.: nun beginnt es
+ griech.: anmutiger, zarter (weibl.) Luftgeist
* lat.: uns ist diese Welt ein Kerker

ut nostra cures vulnera+

Das Gerank seiner blutenden Augen
die aufgebrochenen Brüste
die brandigen Flanken
schwarz verknospendes Fleisch
Vulkan im Ausschlag
und geschüttet über die Tempel Verderben.

Weh! in ortlosen Abgrund
stürzen die Leiber kataraktisch
schwefliger Engelsfall
gepaart im Grauen des Sturzes.

lasciate ogni speranza
voi qu´ entrate*

Um die Fersen flutet es
Myriadenabfall
opak fragmentarisches Sein
im endlosen Völkerflor –

Wanderer bin ich
zwischen den Inseln
die Flüge der Fische
tragen mein Sehnen ins Meer.

+ lat.: damit du unsere Wunden heilest
* ital.: „Lasst alle Hoffnung fahren, ihr die ihr hier eintretet" –
Satz über dem Höllentor in DANTES *Divina comedia*

Gestern sah ich ihn wieder
den mit den lichten Augen
der sich nährt von Tomaten und Feigen
den Fremden
einen aus dem Geschlecht der Normannen
der durch die Ruinen der Kastelle steigt
mit Augen die fern sind vor Trauer –
nicht soviel Trauer
ehrte das Geschlecht der Julier*
und ihr Ruhm ist im Staub.

Wir kennen nur uns
die Sonne und das Meer
das fällt nicht in Trümmer
blank sind die Zitronen
und heiter der Trauben Schwall
unser Leben gleicht der Olive
saftvoll und prall
und nicht rührt uns Angst vor Vergängnis
(höchstens vor dem Nachlass der Fremden
und dem Rasen des Ätna)

Wer dort stand ist vielfach gestorben
und seine Schritte zergingen
mit den Schwärmen
schicksalloser Insekten....

Ein Heer von Rossen
       längs an den schwärzlichen Hängen
              Atembraus kriegerischer Heere
Fanfaren und Gewimmer
              unter den Hufen

* altröm. Patriziergeschlecht, dem Cäsar u. sein Adoptivsohn
Gaius Octavius=Augustus angehörten.

Siegesmärsche und
    salutierende Leichen
Wein und Chaos im Blick
    alle Tische voll von Gespei
        Heil! Die Fahnen und Adler.

salve imperator
*dominus orbis**

Soldadeska im Fleischbrand der Lüste
wenn wir ziehn durch das Kaktusland
wenn wir ziehn durch die brennenden Städte
Künder des Weltreichs.

Wolkenschemen wallen durch
Tempelgerippe Epilog
mundloser Koren
enthauptet die Nike von Selinunt.+

Hier tappen die Schritte der Armen
Moskitotänze auf dem Rücken der Esel
und Kaktusgestrüpp begleitet den Wanderer
und schüttelt vor ihn die stachlige Frucht.

Schwellende Frauen bimsteinhell
das Brodeln im Blut und das Jauchzen
und die dunkle Erfüllungsgebärde
im Schatten geborstener Lava.

Und im schwelenden Zelt der Titan
schleppt hin die gewaltige Stirn in den Himmel.

* lat.: Sei gegrüßt, Herrscher, Herr des Erdkreises.
+ reiche antike Stadt auf Sizilien, 250 v.Chr. von
    den Karthagern zerstört.

Skiathos *

Warum? Frag nicht warum!
nimm diesen Glanz
 von der schimmernden Bucht
als Seemannsgarn in das Haar
und lach!
lach und sauge das trunkene Blau
du bist
wir sind zwei Delphine im Meer.

Warum? Frag nicht warum!
nimm diesen Ton
von der summenden Küste
das Echo des Wellengesangs
und lausch!
lausch und trink dich hinein in die Ferne
du bist
wir sind zwei Zikaden im Wind.

Warum? Frag nicht warum!
nimm diesen Duft
unter dem Feigenblatt
die warmen Adern der Frucht
und beiß!
beiß und schlürfe hinein die Süße
du bist
wir sind zwei Genien der Lust.

* Bewaldete Ägäisinsel der nördlichen Sporaden

Urlaubsreise in Hellas
(Kommentierende Zweizeiler zu Filmszenen)

I Volos *

Der Zug fährt in das Land hinein,
von ferne winkt des Olymps Schein.

LARISSA, eine Mittelstadt,
nur einen kleinen Bahnhof hat.

Am Bahnsteig wartet das Gepäck.
bald trägt's der Umsteigzug hinweg.

In VOLOS nimmt man eine Kutsche,
man sitzt drin wie in einer Rutsche.

Die Droschke rumpelt durch die Stadt,
der Preis dafür macht einen platt.

Der Blick von des Hotels Balkon
schenkt müden Augen schönen Lohn.

Im Vordergrund der Hafen liegt,
wo Meer die bunten Schiffe wiegt.

Die alte Frau vom Lande kommt,
ob ihr das Treiben hier wohl frommt?

Matrosen gehen flott vorbei,
der eine greift sich an sein Ei.

* Nordgriechische Küstenstadt vor Euböa

Verlockend strahlt die Promenade,
Touristen gehn mit nackter Wade.

Die Männer hocken träg im Schatten,
als ob sie keine Arbeit hatten.

Auf dem Balkon sitzt ein Tourist
und staunt, was da so alles ist.

Deutsch-griechische Reklame prangt,
vorm Bayernlöwen niemand bangt.

Aus der Kapelle hell und blank
ertönt des Popen* Singesang.

Und alte Frauen in schwarzer Tracht
begeben hin sich zur Andacht.

Die Männern bleiben lieber fern
und hocken faul in der Tavern.

Balkone blühn, die Luft ist warm,
dies ist ein Städtchen mit viel Charm!

* Geistlicher der orthodoxen Kirche

INSELSPRINGEN

I Skyros *

Vom blauen Himmel hängen Trauben,
das lässt sich nur auf Skyros glauben.

Der Frühstückstisch ist schön gedeckt
und im Betrachter Hunger weckt.

Vom weiten Platze schweift der Blick
auf Bergeshöh und Festungsstück.

Die engen Gässchen sind belebt,
Touristenvolk sie bunt durchwebt.

Eng sind die Gassen, hell und steil,
der Wanderer schwitzt sich ab sein Teil.

Die Häuser stehn ohne ihr Wissen
wie auf der Bühne die Kulissen.

Ein Alter steht vor der Zisterne,
das Filmen sieht er gar nicht gerne.

Die Alte schüttelt vor dem Haus
den selbstgewebten Teppich aus.

Zwei Knaben auf der Höhe hocken,
der Meerwind spielt mit ihren Locken.

.

* Südlichste Insel der Nördlichen Sporaden

Viel Dächer ohne Zahl und Ziel,
ein geometrisches Puzzlespiel.

Dort steht ein griechischer Athlet,
denkt man, und hin man geht.

Doch steht man vor dem Monument,
man es als Denkmal jetzt erkennt:

Dem Philhellenen* Robert BROOK
gewidmet ist der noble Trug.

Zwei Damen sich den Mann besehn,
doch sie nicht viel von Kunst verstehn.

Die Ziegen zeigen da mehr Sinn,
sie geben sich den Gräsern hin.

Und wieder lockt das Meer am Strand
mit lichten Wogen, hellem Sand.

Am Strande hockend auf dem Stein
liest man im heißen Sonnenschein.

Im Ölbaumschatten ist gut speisen,
nur muss man dazu weither reisen.

Dort liegt im Schatten faul und still,
ein Schäfer, der nichts anders will.

Ein letzter Blick auf diese Bucht,
die jeder mal im Traume sucht.

* Griechenfreund, seit dem 18.Jh. üblicher Ausdruck

Durchs Inselinnere geht die Fahrt,
der Fahrer spricht viel und ist smart.

Die Fähre kommt herangerollt,
man nach Touristenart sich trollt.

II Skopelos *

Ein Hirte wankt aus karger Hütt
und geht hinter Kakteen verschütt.

Ein Mönch schaut aus dem Tor hinaus,
Touristenvolk ist ihm ein Graus.

Die Schar zieht zu verschwiegner Bucht,
wo nackt man das Vergnügen sucht.

Von oben überm Strand man sieht,
was alles nackt am Strande liegt.

Zwei Nacktboys schlagen einen Ball,
der eine kommt dabei zu Fall.

Ein junges, tiefgebräuntes Paar
gibt sich der Lieb hin ganz und gar.

Auch geile Männer sich beglücken,
zu zweit und zwischen Felsenlücken.

* Insel der Nördlichen Sporaden

213

Von weitem sieht ein Fischer zu,
der mag sich denken: ei, nanu?

Vom nahen Kloster klingt ein Glöckchen,
da greift kein Mönch sich unters Röckchen.

Sie beten keusch vor Heiligen,
verdammen all die Eiligen,

die Weltlust nur im Sinne haben,
statt sich am ew'gen Quell zu laben.

Doch Welt ist schon ein Paradies,
wo Menschen liegen nackt im Kies,

Die Wellen sacht ans Ufer schäumen
und Pärchen unter Pinien träumen.

III Hydra *

Die felsige Insel ist autofrei,
nur Boote, Jachten, Fischerei.

Drum werden Esel vollbeladen,
sie müssen Touristengepäcke tragen.

Die steilen Gassen geht's bergan,
man trottet folgsam hinten dran.

Die Wohnung liegt in luft'ger Höh,
ein Bett im Freien steht - oje!

Ein strohbehuteter Tourist
filmt aus der Höhe jeden Mist.

Die Kinder spielen auf Kanonen,
die zielen hin, wo Künstler wohnen,

jenseits der tiefen Hafenbucht,
wo man nach Malmotiven sucht.

Ein Esel döst im Ölbaumschatten
und wedelt mit dem Schwanz, dem glatten.

Der Esel übt sich in Geduld,
auch einem Streichler zeigt er Huld.

Die Mandeln starren von dem Ast,
sie warten auf den ersten Gast.

* Ägäisinsel an der Sudostseite der Peloppones

Vom Feigenbaum stibitzt ein Wandrer,
ihn filmt vom Rücken her ein Andrer.

Ein kleines Dorf ergleißt im Licht,
man setzt sich hin, die Sonne sticht.

Auf der Platía* sitzen gern
besonders Männer, alte Herrn.

Hier trifft sich, was sich möchte sehn,
hier scheint man sich gut zu verstehn.

Auch Damen mit ´nem Kind im Bauch
gehen hier herum, so ist's der Brauch.

Und Hühner picken elegant
in Eselsäpfeln an dem Strand.

Der Seeigel im Stachelkleid
da in der Maske, tut uns leid.

Ein Taucher schnorchelt wild umher,
vielleicht sucht er ´nen Schatz im Meer?

Ein fetter Fremder isst mit Messer,
Melone, die wohl so schmeckt besser.

Ein zweiter Dicker plumpst ins Wasser,
vielleicht gefällt es ihm als Nasser.

Ein Dritter Mann liegt in der Sonne,
um ihn herum der Insel Wonne.

* neugriech.: Dorfplatz

Ode an das Meer
(angesichts des Mittelmeers)

Blaufüßig und locker geschürzt
tanzt du heran mit dem kecken
Atem heller Trompeten und dem
dunklen Lachen der Buhlin -
    du die du schön bist
    mit silbernem Mund
    der nicht welkt.

Der mich streift mit fächriger Flosse
mich senkt in Klänge der Urzeit
mir öffnet die schimmernden Flügel
gläserner Blüten die nicht weh tun -
    du die du schön bist
    mit dem Schmuck aller
    Himmel gegürtet.

Wenn die Winde deine Locken zerstreun
und über die Küsten schlingen
tanzendes Heer von Tritonen*
im Brausen der rollenden Wogen -
    bist du schön ja schön
    mit der tödlichen Anmut
    von Panthern.

* griech. Mythos: Meergötter, halb Mensch, halb Fisch, Begleiter
Poseidons, Gegenstück zu den Nereiden (Meerjungfrauen).

Phaeton * - Weltenfahrer

Leicht ist mein Bündel
und truglos mein Gang
die Feder der Möwe
tanzt auf meinen Schultern
tanzt hin über stählerne Brücken
fegt über Stätten aus Eis
über das Gaukeln des Meers
fährt auf von den Bahnen gelöst
im schimmernden Traum.

Dem Traum folgen, dem Traum – nur dem Traum +

Die Szenerien die lärmend sich jagen
im motorgetriebenen Schauspiel
die Kulissen sind klapprig
die Dekors zerfallen schon
die erblindete Landschaft
krümmt sich im Rückspiegel.

Es ist des Menschen Licht nicht
das sich frei in das All schwingt
es ist die Sonne noch
und der Blitz des Gestirns.

* griech. Mythos: Sohn des Sonnengottes Helios,
  der mit dem Sonnengespann des Vaters abstürzte.
+ Zitat aus einem der Romane von Joseph CONRAD

PLANETEN KOLORATUREN

SCIENCE FICTION
POESIE

Planeten-Koloraturen betreten Neuland, da es
– meines Wissens - keine derartige SCIENCE FICTI-
ON Poesie im Deutschen gibt (es sei denn, in Gestalt
von Pop Songs). Das Thema Zukunft erscheint offen-
sichtlich den meisten Lyrikern als wenig geeignet zu
dichterischer Verarbeitung.

Beschäftigt man sich jedoch mit den vielerlei Aspek-
ten der Gattung SF , so erweist sich deren Thematik
als durchaus vielschichtig.

Neben stimmungshaften Momentaufnahmen wie:
Air oder *Planetennacht* kommt in längeren Strophen-
folgen Existentielles und menschliche Befindlichkeit
am Rande des Abgrunds zum Ausdruck, s. *Schöne
Neue Welt, Großer Bruder, Fata Morgana.*

Auch handlungsgeprägte, balladeske Gedichte fin-
den sich in der Sammlung: *Odysseus, Allgesetz, In-
vasion.*

Aus Gründen der Vielschichtigkeit fließt auch Erotik
mit ein, die sonst in der SF-Literatur kaum eine Rolle
spielt, s. *Duo-Saurier, Ganymed, Raumfahrer-Vampir,
Time of Apollo.*

Mehr reflexiv und von einem Unterton der Vergäng-
lichkeitsklage geprägt stellen sich *Götter,Aufruf* sowie
Abgesang dar.

Überhaupt werden fast sämtliche SF-Gedichte von ei-
nem pathetisch-klagenden oder melancholischen Ton
durchzogen, der in der modernen Literatur eher ver-
pönt ist oder als nicht zeitgemäß gilt.

Bei dieser SF-Lyrik jedoch wird dadurch ein gewisser
poetischer Effekt erzielt, der im Zusammenklang mit
der Thematik vielleicht den eigentlichen Reiz dieser
Art von Dichtung ausmacht. Andererseits kann es bis-
weilen zu einer Gratwanderung zwischen echter Poe-
sie und poesievollem Kitsch kommen. Doch auch letz-
terer hat, wenn er eine gewisse Funktion erfüllt, seine
Daseinsberechtigung.

Air *

Und wieder dreht sich eine Welt
vorbei an meinem Bullauge ein
kahler grünloser Klumpen
gehüllt in giftige Gase
die mit schwefligen Schleiern
verhängen klaffende Schluchten
Sylphidenreigen + über
düsterem Unholdskörper
der niemand zu Gast bittet
und Eindringlinge aufspießt.

Seufzend ziehe ich
den Vorhang vor und höre
ein Air von Vivaldi.

* Melodisch geprägtes, langsames Orchesterstück
+ Griech. Mythos: Sylphiden = weibliche Luftgeister

Planetennacht

Auch diese Nacht war grün
tiefgrün voll käferäugiger Monster.

Hinter den Stahlnetzen hocken wir
atmosphärebeschirmte Spinnen
mit den Hirnen des „Homo sapiens"
unser Herz schlägt bang
im Moderhauch des Planeten
Gefangene sind wir
im eigenen Gefängnis
ohne Rückkehr und Zukunft.

Auch auf TERRA hausen
nur käferäugige Monster.

Raumarche

In der Raumarche nahmen sie mit
einen ganzen Garten Eden
allerlei Getier auch Insekten und
Vögel die zwischen
Robotergärtnern zwitscherten

Während die behelmten Planetenfahnder
starr geradeaus blickten in
unendliche Räume und
aufleuchtende Galaxien
die Hände an Hebeln und Knöpfen

Umsichert von Apparaturen
die ihr kostbares Leben bewachten
steril und sendungsbewusst
neuen Welten entgegen

Um auch über sie
das Füllhorn von TERRA
die Büchse der Pandora*
auszuleeren.

* Griech. Mythos: „Die mit allen Gaben"= verführerische Frau, die
  Zeus den Menschen sandte mit einem Gefäß, in dem alle Übel ent-
  halten waren, die über die Menschheit kommen sollten.

Allgesetz

Delta 3 verbrannte
Ro 4 liegt verdorrt
Pi 1 erkannte zu spät
die Gefahr und
atomisierte sein
Schrei erstickte im Helm.

Meine Brüder
euer Fortgehn
war Allgesetz
Gesetz des ewigen Staubes
im Kreislauf der Welten.

Die metallene Hand
zittert mir nicht
mein Herzinstrument
schlägt taktgenau weiter
mein fluoreszierender Blick
durchdringt teleskopisch den Raum.

Dort an
ORIONS* Bernsteingestaden
entselbt sich Materie zu Licht.

---

* Griech.Mythos:Sohn des POSEIDON, großer Jäger und Gelieb-
ter der EOS, auf Geheiß der ARTEMIS von einem Skorpion ge-
tötet, da er sich angebl. an einer ihre Nymphen vergangen hatte.
Als Sternbild neben den SKORPION an den Himmel versetzt.

Ganymed *

Ganymed lässt mich erbeben
sein cyanblaues Haar
seine schwärzernen Münder
vor gläsernen Zahnreihn.

Der Gong seiner Zunge
schlägt dunkel im
Platingewölbe der Kiefer
seine schuppige Haut
spiegelt mein Bild
zerwirft es prismatisch.

Von seinem Methanatem erregt
umkreise ich ihn
ergeben im
erhitzten Geklammer der Greifer.

* Griech.Mythos: Bildschöner Griechenknabe, den Zeus in
  Gestalt eines Adlers in den Olymp entführt, wo er als Mund-
  schenk an der Tafel der Götter bedienen darf.

Raumschiff-Vampir

Das Verlangen nach Blut
hämmert in mir –

Meinen Gefährten will ich
den Panzer vom Leib reißen
die schillernden Helme und Schilde
ihre Haut wärmende Haut
will ich befühlen und mein
Mund soll ihre Augen ansaugen
in mein Inneres
metallisch-vertäutes Inneres
sollen sie blicken
in meinen pulsierenden Kosmos

Der ihr Geäder einsaugt
in blutig-sanftem Erquicken.

Duo-Saurier

Halb Du und Ich
jenseits humanoider Fassung
ein semantischer* Schock für
Gelehrte eine
Dinosaurier-Libelle
ein Titaniden-Getier
in schwirrendem Duo
brausendem Zwiegespräch
enthoben irdischer Schwere
unverbrüchlich
unzertrennlich
Lichtjahre lang
in entgrenzten Savannen
auf uferlosen Gewässern
im Wirbel elysischer+ Sterne
wo der einzige Gedanke
Flug ist.

* griech.: sinnbedeutend
+ griech.: Adj. zu „Elysium" = Gefilde der Seligen

Teatime

Zwischen ASTERAX und ANDROMAX
auf den lila Planeten
mit den Phallusmonden -

Tief spiegeln die Kristallhänge
das ankernde Raumschiff
und drinnen
Geborgenheit und Wärme
ein Hauch von TERRA und
Teatime.

Der Tee schwebt wie Honig
vor den Mündern
macht Ballönchen und Kringel
und kleckst auf den Haaren.

Auch zu zweit kann man ihn
einschlürfen das versüßt
den herben Geschmack und
führt zu Berührungen
zarten buhlenden Gesten.

Schließt man die Augen
vergisst man die bärtigen Gesichter
zwischen ASTERAX und ANDROMAX
den lila Planeten mit den
Phallusmonden.

Time of Apollo

Kommander Gi zog sich
die Traghaut über
in Ultramarin
mit Silberlamellen-Design
und trat vor den Spiegel
um Polyester-Haar aufzusetzen
meerblau und ägäisch gekräuselt
dazu asterakische Fingernägel
aus Platin und die
faltenfreie äolische Maske
die seine 180 Lenze verbarg.

Ephebenhaft * jung durch
Zellogenese und Eisschlaf
erglänzte sein Spiegelbild
Phaeton in der Blüte der Jugend
Antinoos+ mit dem Reiz des Verführers
Dorian* in künstlicher Frische.

Anmutig sank er alsdann
auf sein Luftkissen und
sprach auf den Armbandreceiver
die geflügelten Worte:
"O come Herakles come!"

* griech.: Ephebe = Jüngling zwischen 18-20 Jahren, im antiken
  Griechenland sportlich-militärisch ausgebildet
+Schöner Jüngling, Liebling des Kaisers HADRIAN, der 130
  n.Chr. im Nil ertrank
* Nicht alternder, schöner Jüngling in Oscar WILDES Roman
  Das Bildnis des Dorian Gray

Und aufschwang die Wand
und der Androide* JR trat herein
mit Bernsteinaugen und Bizeps
und den sanften Panthergebärden.

Und die Uhr
im Astronautenschiff gongte
Lovetime
Time of Apollo.

* Automat in Menschenform

Odysseus

Durch Niemandswelten
unter Heeren kalter Planeten
vorbei an lautlosen Sternsirenen
geschleudert in Galaxienwirbel
irr ich dahin
ziellos im Raumozean
Lichtjahren preisgegeben.

Von keinem Gotte beachtet
von Menschen vergessen
von niemand erwartet oder
betrauert auch kein Poet
wird mich je besingen
künden von meinen Fahrten
meinem Leid
meiner Einsamkeit.

Ohne Tage und Nächte
ohne Sommer und Winter

Eos* steigt mir nicht auf noch Apollo
Zeus hat hier Macht nicht noch Poseidon
die Parzen haben meinen Lebensfaden verloren
kein Geschick waltet über mir
kein Gott kann mich erhören
kein Ohr mich vernehmen
kein Auge erblicken
kein Mund mit mir reden.

* Griech. Mythos: Göttin der Morgenröte

Meine Gefährten sind pulverisiert
im gnadenlosen All und ich nur
Gedanke dass ich atme und bin
und blicke in zahllose Welten
die mich umkreisen
mich einen Zwergstern
echolos und ohne Schatten
nur eine Lichtspur im
Gleichmut des Universums.

HIMMELSKÖNIGIN

Auch IHN haben sie
zu Grabe getragen
wie Zeus oder Zoroaster*
die ewig sein sollten
und allmächtig –
nur ein Astronaut wenn er flucht
führt ihn manchmal im Munde.

Auch seinen GEIST haben sie
längst vergessen
wenn heilig er ihnen je war –
seinen SOHN indes trägt man
als Amulett über Brüsten
da zieht er den Blick noch auf sich
so wie Mönchsblick ihn früher umkoste.

Nur die Gnadenreiche Gebenedeite
die Mutter unter den Müttern
feiert ein cleveres Comeback:
am Himmel schwebt sie
die Kuppeln hebt sie
über dem Globus im
teuren Aluminiumgewand.

Eine Gloriole im All
ein ovaler Heiligenschein
ein Altar für Weltraumtouristen
eine fromme Sensation
eine pompöse Raumstation
genannt die:
HIMMELSKÖNIGIN.

* Anderer Name für den pers. Religionsstifter ZARATHUSTRA

Großer Bruder

Großer Bruder
der du alles siehst
alles hörst
alles weißt
alles fühlst
riechst und witterst:

Vergib mir
Großer Bruder
wenn ich dir einmal
den Rücken zudrehe
und meine Hose öffne
um meiner Notdurft
freien Lauf zu gewähren.

Vergib mir
großer Bruder
meine Gedanken an ein
Eigenleben meine
Träume von Taten und Tun
meinen Hang zu Besitz
mein fatales Streben
nach Individualität.

Vergib mir
großer Bruder
meinen sehnlichsten Wunsch
meinen unbändigen Drang
meinen inneren Zwang
dich einfach abzuschalten
und dir
in den Arsch zu treten.

Schöne Neue Welt

Ein Poet des 20. Jahrhunderts
wusste es schon:
This is the way the world ends:
Not with a bang but a whimper. *

Im Glanzgetürm endloser Städte
unsere Enkel auf
Steigen gereiht wie die Hühner
lächelnd doch blicklos
übend das tägliche Ritual
von Schlafen und Aufstehn
Essen und Trinken
zwischen ebenen Tagen im
genormten Ameisenstaat.

Saxophon aus der Box
trällert von goldner Vergangenheit –
Moskau zerfiel und Manhattan,
Jerusalems Mauern sind längst gestürzt
Roms Gelärme verklungen –
verschollene Bilder
treiben am Horizont.

Schreit kein Baby mehr an der Brust
singt kein Vogel mehr auf dem Baum
schwimmt kein Fisch mehr im Fluss
sitzt kein Paar mehr auf der Parkbank
sind Auto und Flugzeug Sage.

* Zitat aus T.S.ELIOTs *Selected Poems*

Aufruf

Im Namen der Menschheit
im Namen unser aller
macht die Raketen flott
und die Raumschiffe!

Verschrottet die Satelliten
die nur eure Gräuel ausstreuen
euer Versagen und eure Ohnmacht
die Welt zu regieren.

Kinderheere mit spinnigen Gliedern
heben die Ärmchen empor
doch im Jet enteilt die Elite
und Touristengefilm
kündet von letzter Romantik

die von Fäulnis und Rot überfleckt wird
ohne dass Rosen zu sehn wären
nur die Ratten nehmen zu
und die Kakerlaken.

Daher im Namen der Menschheit
im Namen unser aller
brecht auf zu den Sternen
um auch sie zu kolonisieren.

Fata Morgana

Ich dachte immer
die Erde das sei
Berge und Seen
Wiesen und Wälder
das Lied eines Vogels
das Rascheln von Wild
Raunen von Wind und Meer
und die Stimmen fröhlicher Kinder.

Darüber der Mond
mit friedlichem Männergesicht
umschleiert von Mythen.

Doch mein Glaube an
Berge und Seen
Wiesen und Wälder
schwand mir dahin
hängend in der Leere
von Weltraumstationen
das starre Kratergewand
des Mondes tief unter mir

Und so ferne die Erde
eine Fata Morgana
umschleiert von Mythen.

Erdweh

Deswegen hatte man ihn ausgesucht
weil er körperlich fit war der
reinste Roboter und technisch versiert
ein menschlicher Computer
ganz unkompliziert
nicht neurotisch
ohne Komplexe
ohne Furcht vor Tod und Teufel.

An Visionen litt er nie und
Tagträumereien
waren ihm fremd
auch unnötige Gefühle
wie die Teste bewiesen.

Sein Denken und Tun
waren abnormal normal
und obwohl verheiratet
und Vater von Kindern
gingen Gefühle bei ihm
nie tief
deswegen hatte man ihn ausgesucht.

Es war keine Furcht nein
nicht die Situation
die man sooft geprobt hatte
die Schwerelosigkeit
das Schweben im All.

Nichts von Bedeutung war es
nichts Wissenschaftliches
als er so allein im Raume hing
ein metallenes Baby

an der Sauerstoffleine der Mutterkapsel
und Abgründe tief unter ihm
die Erde in sanfter Drehung
in einem Kranz silberner Wolken.

Nein nicht Furcht oder Panik waren es –
doch als er hinunterspähte aus dem
beengenden Helm
auf diesen bläulichen Ball
diesen übervölkerten Ort
mit dem Geschwür der Städte
diesen verdammten Platz
von Kriegen und Leiden
dieser Stätte sich tummelnder Bastarde
mit ihren Gemeinheiten und Verbrechen

fühlte er
was er noch nie gefühlt hatte
fühlte es tief und brennend –
obgleich Gefühle bei ihm nie tief gingen –
fühlte er Heimweh
Erdweh
und die Tränen schossen ihm in die Augen.

Aber später
erzählte er niemand
ein Sterbenswort davon
denn dazu hatte man ihn nicht ausgewählt
denn deswegen hatte man ihn ausgesucht.

Plädoyer für Raumfahrer

In der Esse ihrer Gehirne
Menschen wie du und ich
begehrlich hungrig bestraft für
falsches Parken müde und gereizt
ständig sich aufrappelnd
von Tag zu Tag in der
Verfolgung von Zielen:
der Kolonisation des Mondes
oder sonnenentfernter Zonen –
auf jeden Fall mit dem Blick
zum gestirnten Himmel
und dem moralischen Gesetz in ihnen
alles zu erforschen zu vermessen
zu registrieren und speichern.

Warum also dein Liebstes an dich drücken?
Sei blindlings hart
leg ab irdische Kleinheit
Werte und Güter
steig aus den Winkeln des Alltags
die angefüllt sind mit Kram und
flimmernder TV-Wirklichkeit
blick in die Schwärze des Alls
aber vergiss nicht
die getönte Brille aufzusetzen
wenn du die Leeren zum nächsten
Planet hin sondierst.

Planeten-Koloraturen

Planetenkoloraturen
zirzen mir um das Haupt
mir um das Stereohaupt
mit γ-entflammten Trabanten
auf dem $\alpha+\beta$
die Elektronen wimmern
um arme Ionen.

Doch nichtsdestotrotz
drängt mein
protonenbeschuppter Leib
(das Neutron nahm Urlaub)
snobistischer Weise schlürfend
SOSO4
hinauf zu
ANDROMEDAS* nebligem Busen
tauchend
(das muss man mitgemacht haben
meine Herrschaften!)
ins MARE HUMORUM
zeigend der TERRA den Hintern
und darauf ein
TRINITROTOLUOL+
mit düsenbeschwingten Fanfaren!

Und sieh wie er fliegt!
Korpuskelbestrahlt durchschifft er
das Universum

* Griech.Mythos: Geliebte des PERSEUS, Sternbild am
  Nordhimmel mit dem bekannten „Nebel."
+ Sprengstoff, Abk. TNT, Maßbezeichnung für A-Bomben

den Raumozean
auf galaktischer Parallaxe
und dann:
ein Abend mit VENUS nebst
kontinuierlichem Specktrumm
selbst MARS der Rote erbebt da
im voluminösen Gekröse.*

O ihr PLEJADEN! +
Um eure spiraligen Locken
erscholl da der Ruf
des HOMO UNIVERSALIS*
der nukleare Appell
und ALPHA CENTAURI+
verhüllte ihr Haupt
als die Kniffologie*
des humanen Gelichters
schleuderte jubelnd ins All
die SUPERNOVA+
zerfetzend die Erde
im Wahne.

* Teil des Gedärmes
+ griech.: Siebengestirn, Sternenhaufen
* Lat.: allgemeiner Mensch, hier Assoziation zu „universal"
+ hellster Stern im Sternbild KENTAUR
* Wortschöpfung zu „knifflig"
+ Explodierender Stern mit die Sonne übertreffender Leuchtkraft

Der Rote Planet*

Ein Objekt von Spekulationen
und Schauermärchen durchzogen von
Kanälen behaust von antennen-
bewehrten Monstern deren Invasion
kindliche Gemüter erregte.

Doch nun auf dem Weg zu ihm
steigt er auf vor dem Ausguck
als englischroter Planet als
launiger Lampion im
diamantenbesetzten All.

Royalblau dämmert sein Morgen
dem neuen Satelliten entgegen
dem Raumschiff von TERRA die fern
herüberblinkt mit ihrer Botschaft
von Kriegen und Leiden.

Doch hier herrschen Reinheit und Stille
der Frieden einer vergangenen Welt
frei von Menschheitsproblemen
erfüllt von den Kräften der Natur –
bacchantische Stürme werfen

Schleier aus Grus+ über Öden
drehn Wüstenwirbel in Kratern
durchheulen schaurige Canyons
und fegen Vulkane hinauf
die irdischer Maße nur spotten.

* Bezeichnung für den MARS
+ Kohlenstaub

Schwarzfingrig greift Lava
die mächtigen Flanken hinab und da:
ein gewaltiger Riss durch den Horizont
von Purpurplateaus stürzt der
Blick in grundlose Tiefen.

Bizarrer Traum eines Kontinents
Zerspaltung riesiger Flächen
verankert zwischen Trockeneispolen
die Eisozeane überkappen
bis eines Tages die Starre

In Fluss gerät die Fläche zerschmilzt
Ströme die Canyons durchwogen
Meer brausend emporschwillt und
Leben geheimnisvoll aufsteigt –
Leben zum Leiden geboren.

Ikariden

Seit das große Grauen
uns in die Galaxie trieb
fern den entseelten Ufern
radioaktiver Meere

Fern den verkohlten Wäldern
und verharschten Flussbetten
den eingefallenen Bergen
und verschütteten Tälern

Seit die feurige Faust
emporwirbelte Städte und Vögel
dämmern wir zwischen den Sternen
Ikariden im Aufflug und Sturz.

Zero

Five – four – three – two – one – zero

Krachen und Heulen
und die Stimme eines Reporters hektisch:
Das meine verehrten Hörer und Hörerinnen
Seher und Seherinnen
Riecher und Riecherinnen
war der Start von ALPHA-ANDROMEDA
dem Raumschiff das nach
Zwischenlandung auf dem MOND
Kurs auf den MARS nehmen wird –
wir wünschen den Raumreisenden
gut Luft und vielAllbräune!

Stratosphärenmusik
Jonosphärenmusik
Allmusik

Krachen und Heulen
und die Stimme des Reporters hektisch:
Am Start liegt nun BETA-BERENICE
die zu herabgesetztem Preis
(nur 200 000 Euro)
eine Reise zu SATURN anbietet
mit Zwischen –und Jausenstation
auf MOND und MARS
auf JUPITER kann die berühmte
Zeusstatue aus Obsidian* bewundert werden –
wir wünschen den Raumreisenden
gut Luft und viel Allbräune!

---

* Achat, Halbedelstein, Ergussgestein

Invasion

Um Mitternacht zog es herauf
und bedeckte den Himmel mit UFOS
die das Land zerhallten
dass aufging ein Rauch
vom verwundeten Erdreich.

Die Öfen der Städte
warfen Brand in die Nacht
tödliche Nacht
aus der es
kein Erwachen mehr gab.

Erst als sich das Chaos
gelegt hatte
sahen die Invasoren dass sie
gute Arbeit geleistet hatten
und von neuem
mit der Einrichtung der Welt
beginnen konnten.

Götter

Als die fliegenden Götter kamen
Fledermäusen gleich
aus siderischen* Höhlen
fanden sie uns vereint:
weder Mann noch Frau
weder fest noch flüssig
ein zäher Lehmbrei
aus dem uns ein Schöpfer einst schuf.
(so steht es zumindest geschrieben)

Zum Lehm waren wir zurückgekehrt
bedeutungslos stumm
schnell schon vergessen
und die Götter
hinterließen auf uns
Tritte
Kavalkaden tänzelnder Füße
schwerelos und verächtlich.

* Das Gestirn betreffend, aus Lat. sidera = Gestirne

Götterdämmerung

Das große Grauen ist nicht fern –

Noch dämmern sie im
Daunenbett des Wohlstands
und wühlen gierig feiste Hände
ins Maul des Götzen: des Geschäftes
- das Maß des Menschen ist das Geld –
und häufen Gut um Güter
und türmen um sich Glanzattrappen
zum Bau der Illusionen
und spielen hinter Chrom und Stahl
des Lebensstandards Billiardspiel
wattiert mit Millionenaktien
beringte Finger in Konzernen
der Zukunft nur ein
selbstgewisses Lächeln.

Erblindet und ertaubt
dem Warnruf der Natur
reichen sie die Krone
dem Herrn des Erdballs
dem Computer und
speien sich als Seriennummern
ins Internet
Sklaven des eigenen Produktes
und tanzen Tag und Nacht im Takte
der Börsenkurse
Marionetten der Macht
verfallen dem Gifthauch des Geldes.

Das große Grauen ist nicht fern.

Abgesang

Einmal wird Stille sein
auf dem blauen Planeten
unterbrochen von keinerlei Worten –

Die Uhr in der Bibliothek
die Fliege im Wartesaal
sind verstummt
und wir
die so beiläufig auftraten
und uns die Erde untertan machten
zwischen Eden und Hiroshima

Wir Nebenprodukte einer
wuchernden Schöpfung
die Darwin belachten
und zu denken vermeinten
bis die Schatten der Furcht
vor dem Rückfall
uns überfielen
uns abnorme Wesen
in Raum und Zeit deren
Uhr schon nach kurzer Zeit ablief.

Doch auf tausend anderen Welten
ersteht von neuem
was Gehirne erdenken
und Hände vollbringen
wird von neuem
geatmet gefühlt gedacht und
gelitten.

Reinkarnation

BILDNACHWEIS

Sämtliche Radierungen, Linolschnitte und Lithogra-
fien, sowie ein Großteil der Zeichnungen stammen
vom AUTOR. Hinzu kommen noch 2 Aquarelle und
1 Pastellzeichnung.
Die Abbildungen fremder Provenienz sind nament-
lich vermerkt.

Radierungen: S. 5,22,36,101,104,114,128,158,174,
          201,232
Linolschnitte: S. 26,34,142,191,214,219,247
Lithografien: S. 42,161,197,225,245,251
Zeichnungen: S. 76,108,124,185,199,227
Aquarelle: S. 168,230
Pastell: S. 30

Zeichnungen bzw. Vignetten von:
Edward LEAR (aus *The Complete Nonsense of
E.Lear,* London 1969) S. 46,71,72,74,79,81,107,227
Wilhelm BUSCH : S. 92
Aubrey BEARDSLEY : S. 131
Ausschnitt aus dem Fresko *Die Königin von Saba*
von Piero della FRANCESCA, Arezzo, S. 164
Lesebuchbild unbekannter Herkunft S. 7
Mickymaus von Walt DISNEY, S. 89

Insgesamt: 46 Abbildungen

Hinweis: Die Gedichte *Frühling,Herbst,Die Nachtigall* und
Sitzen Gelassen entstanden unter der Mitwirkung von Herrn
Friedrich Kleinlein und Frau Marion Dörrer.